基于信息技术的高校思政教育教学创新研究

曹倩琴 著

中国出版集团

中译出版社

图书在版编目（CIP）数据

基于信息技术的高校思政教育教学创新研究 / 曹倩
琴著. -- 北京：中译出版社, 2024. 7. -- ISBN 978-7-
5001-8021-0

Ⅰ. G641

中国国家版本馆CIP数据核字第2024185MU2号

基于信息技术的高校思政教育教学创新研究

JIYU XINXI JISHU DE GAOXIAO SIZHENG JIAOYU JIAOXUE CHUANGXIN YANJIU

出版发行 / 中译出版社

地　　址 / 北京市西城区新街口外大街28号普天德胜大厦主楼4层

电　　话 /（010）68359827, 68359303（发行部）；68359287（编辑部）

邮　　编 / 100044

传　　真 /（010）68357870

电子邮箱 / book@ctph.com.cn

网　　址 / http://www.ctph.com.cn

策划编辑 / 于建军
责任编辑 / 于建军
封面设计 / 蓝　博

排　　版 / 雅　琪
印　　刷 / 廊坊市文峰档案印务有限公司
经　　销 / 新华书店

规　　格 / 710毫米 × 1000毫米　　　1/16
印　　张 / 11.5
字　　数 / 205千字
版　　次 / 2025年1月第1版
印　　次 / 2025年1月第1次

ISBN 978-7-5001-8021-0　　　　　　　　　　　**定价：88.00元**

　　随着信息技术的迅猛发展和普及，高校思想政治教育迎来了前所未有的发展机遇和挑战。信息技术的崭新应用为思政教育注入了活力与创新，为提升教育质量、拓展教育形式提供了广阔的空间。《基于信息技术的高校思政教育教学创新研究》的编写，旨在深入探讨信息技术与思政教育的深度融合，为高校思政教育的改革与发展提供理论指导和实践支持。

　　首先，本书对当前高校思政教育的现状进行了全面的分析，探讨了其概念内涵、发展历程、存在问题以及未来趋势。通过对思政教育的深入剖析，我们能够更清晰地认识到思政教育所面临的挑战与发展方向，为后续研究奠定了坚实的基础。

　　其次，本书重点关注了信息技术在高校思政教育中的作用，探讨了其在教学中的优势、应用现状、对教育的影响以及对教育发展的提升。信息技术的快速发展为思政教育带来了前所未有的机遇，我们有理由相信，借助信息技术的力量，思政教育能够焕发新的活力，更好地适应时代的发展需求。

　　再次，在此基础上，本书进一步探讨了基于信息技术的高校思政教育模式创新，涉及在线教育平台、多媒体教学手段、虚拟实验、社交网络等方面。通过借助先进的信息技术手段，我们有望构建更加灵活多样的教育模式，满足不同层次、不同需求的学生群体，为思政教育注入更多元化的元素。

　　最后，本书还探讨了信息技术下高校思政教育资源建设和推动高校思政教育改革与创新的策略，展望了信息技术助力高校思政教育的未来发展。我们相信，随着信息技术的不断创新和应用，高校思政教育将实现跨越式发展，为培养德智体美劳全面发展的社会主义建设者和接班人作出更大的贡献。

在此，我们衷心希望本书能够为高校思政教育的改革与发展提供参考和借鉴，为推动信息技术与思政教育的深度融合作出积极的贡献。同时也期待着更多学者和教育工作者加入这一领域的研究中，共同探索信息技术与思政教育相互融合的新路径，为建设社会主义现代化强国，培养更多优秀人才贡献智慧和力量。

由于作者水平有限，书中疏漏之处在所难免，恳请广大读者批评指正。

著者

2024 年 4 月

目　录
Contents

第一章 导论

第一节 研究背景与意义

一、研究背景

随着信息技术的迅速发展和普及，高校思想政治教育正处于一个充满机遇与挑战的时刻。信息技术的蓬勃发展为高校思政教育注入了新的活力和动力。传统的教学模式和内容面临着必要的变革和创新的压力。在这样的背景下，探索基于信息技术的高校思政教育教学创新显得尤为重要和紧迫。

第一，随着社会信息化进程的加速，学生接触和运用信息技术的机会愈发广泛。现代学生的学习方式和习惯正在发生巨大的变化，他们更倾向于通过数字化平台获取信息、进行交流和学习。因此，将信息技术与思政教育相结合，可以更好地满足学生的个性化学习需求，提高教育的针对性和吸引力。

第二，信息技术为思政教育提供了丰富多样的教学资源和手段。例如，网络课程、多媒体教学、虚拟实验等数字化工具的出现，为思政教育的教学提供了全新的可能性。这些工具不仅可以增加教学内容的多样性和趣味性，还可以激发学生的学习兴趣，提高教学效果。

第三，高校思政教育亟待更新和优化教学内容和方法，以适应新时代的发展需求。信息技术的应用可以促进教育内容的更新和多样化，使思政教育更贴近学生的实际生活和社会发展的需求，提高思政教育的实效性和生动性。同时，基于信息技术的教学方法也可以更好地激发学生的学习兴趣，培养他们的创新思维和实践能力，从而更好地满足社会对高素质人才的需求。

因此，探索基于信息技术的高校思政教育教学创新不仅具有重要的理论和实践意义，更是适应时代发展需求的必然选择。这一探索将有助于提升高校思政教育的质量和效果，培养更加符合时代要求的社会主义建设者和接班人。

二、研究意义

本研究旨在探索基于信息技术的高校思政教育教学创新，具有重要的理论和实践意义。通过推动高校思政教育与信息技术的深度融合，可以提升教育的现代化水平和科技含量。信息技术的应用能够为思政教育注入新的活力，使教学更加生动、具有吸引力，同时提升教学效果和质量。

第一，本研究有助于拓展思政教育的教学手段和内容，从而激发学生的学习兴趣，提高教育的针对性和实效性。借助信息技术的支持，可以开发多样化的教学资源和工具，为学生提供更丰富、更具趣味性的学习体验，进而增强他们对思政教育的接受度和参与度。

第二，本研究还有助于促进高校教师的教学理念更新和能力提升，推动教育教学改革的深入发展。教师是思政教育的重要组成部分，他们的专业水平和教学方法直接影响着教育质量和效果。通过引入信息技术，可以为教师提供更多元化的教学手段和方法，激发其教学创新的潜能，从而推动思政教育教学模式的不断更新和完善。

第三，本研究的意义还在于增强高校思政教育的社会影响力和竞争力，为培养德智体美劳全面发展的社会主义建设者和接班人作出贡献。高校思政教育是培养社会主义建设者和接班人的重要途径，其质量和效果直接关系到国家的长远发展。通过信息技术的应用，可以提升高校思政教育的吸引力和影响力，使之更好地服务于国家和社会的发展需要。

第二节　研究目的与内容

一、研究目的

本研究旨在解决高校思政教育中信息技术应用不足、思政教育质量提升困难的问题，以促进高校思政教育教学水平的进一步提高。

（一）确定信息技术在高校思政教育中的角色和地位

在此目的下，研究将通过深入探究信息技术在高校思政教育中的优势与作用，为深度融合提供理论支持。首先，将对信息技术在高校思政教育中的作用进行全面梳理，探讨其在教学过程中的优势表现、在知识传授和价值观引导中的重要性，并结合案例和实证研究，阐明信息技术对思政教育的实际影响。其次，将分析信息技术在高校思政教育中的地位，包括其在课堂教学、教学资源开发、学生参与和学习过程管理等方面的地位，以及其与传统教育模式的对比和融合。

（二）探索思政教育与信息技术结合的创新模式

在此目的下，研究将探索基于信息技术的高校思政教育模式，为实现思政教育与信息技术的有机结合提供新思路与方法。首先，将通过对国内外相关研究成果的综述，归纳总结出目前已有的思政教育与信息技术结合的模式，并分析其特点和应用效果。其次，将通过案例分析和实地调研，深入探讨不同高校在信息技术支持下的思政教育创新实践，挖掘出具有代表性和可推广性的创新模式。最后，将提出基于当前社会背景和信息技术发展趋势的新型思政教育模式，探索其在高校实践中的可行性和推广价值。

通过以上目的的明确和实现，本研究将有助于深入理解信息技术在高校思政教育中的作用和地位，为高校思政教育与信息技术的融合提供理论指导和实践路径，为高校思政教育的质量提升和教学水平的进一步提高提供有力支持。

二、研究内容

在本研究中，我们将重点围绕高校思政教育的现状、信息技术在思政教育中的作用以及基于信息技术的高校思政教育模式创新展开研究，以期为高校思政教育的改革与发展提供深入的理论支持和实践指导。

（一）高校思政教育现状分析

高校思政教育作为培养学生综合素质和思想道德的重要环节，其发展历程和现状具有重要意义。我们将对高校思政教育的历史演进、现状问题与挑战进行深入分析。通过梳理历史脉络和解读现实情况，为后续研究提供全面的背景与基础。

（二）信息技术在高校思政教育中的作用

信息技术在高校思政教育中的应用已经日益普及，但其具体作用和影响尚需进一步深入研究。我们将分析信息技术在高校思政教育中的优势和应用现状，评估其对思政教育的影响和发展提升。特别关注信息技术对教学质量、学生学习效果、教育管理等方面的影响，探索信息技术在思政教育中的潜力和局限。

（三）基于信息技术的高校思政教育模式创新

随着信息技术的不断发展，基于信息技术的高校思政教育模式也在不断创新。我们将深入探索在线教育平台、多媒体教学手段、虚拟实验、社交网络等方面的创新模式，拓展思政教育的教学方式与手段。通过案例分析和实证研究，探讨这些创新模式在提升思政教育质量和效果方面的实际效果和可行性。

第三节　研究方法与框架

一、研究方法

研究方法是确保研究过程科学性与可靠性的基础，涵盖文献综述法、调查研究法、案例分析法等多种方法。

（一）文献综述法

通过文献综述法对相关文献进行梳理，为高校思政教育的信息技术应用提供了重要的理论支撑。在历史经验总结方面，过去的研究表明，高校思政教育一直是培养学生全面发展的重要途径，而信息技术的介入则为其提供了新的发展机遇。在过去的几十年里，学者们对高校思政教育的历史演进、教学模式、教育内容等方面进行了深入研究，从中汲取了丰富的经验和教训。对思政教育的历史经验进行总结，可以发现不同时期对于思政教育的理解和重点均有所不同，但其核心目标始终是培养学生的社会责任感、道德品质和批判思维能力。

在分析思想理论方面，众多学者对高校思政教育的理论框架和内涵进行了深入探讨。马克思主义、中国特色社会主义等理论对于高校思政教育的指导地位被广泛认可，并在实践中得到了充分体现。同时，西方教育理论和信息技术领域的相关理论也为高校思政教育的创新提供了新的思路和方法。信息技术的介入使得高校思政教育更加生动、多样化，并且为学生提供了更多参与和互动的机会。例如，通过网络平台、多媒体教学等手段，可以使得学生在思政教育

中获得更加立体、丰富的知识和体验。

（二）调查研究法

通过调查研究法，我们可以深入了解高校思政教育现状以及信息技术在其应用中的情况。问卷调查是收集大量数据的有效手段，可以帮助我们了解广泛的意见和看法。在设计问卷时，我们可以设计关于学生、教师和管理者对于思政教育质量、教学方式、课程内容以及信息技术在教学中的应用等方面的问题。通过分析问卷结果，我们可以了解到学生对于思政教育的认识和需求，教师在教学实践中遇到的问题和挑战，以及管理者对于思政教育改革的期望和建议。

另外，访谈是获取深度信息的重要手段。我们可以选择一些代表性的高校进行访谈，包括思政教育管理者、教师和学生代表。通过与他们进行深入的交流，我们可以了解到他们对于思政教育的理解和认识，以及对于信息技术在思政教育中的应用的看法和建议。访谈可以帮助我们获取更加具体和深入的信息，有助于揭示高校思政教育的实际情况和存在的问题。

综合运用问卷调查和访谈等方法，我们可以获取到丰富的实证数据，深入了解高校思政教育现状及信息技术应用情况。这些数据不仅可以为我们提供客观的分析基础，还可以为高校思政教育的改革和发展提供具体的建议和方向。通过调查研究法获取的实证数据，将有助于我们更加全面、深入地理解高校思政教育的现状和问题，为进一步的研究和实践提供有力支撑。

（三）案例分析法

通过案例分析法，我们可以选取典型的案例，深入分析信息技术在高校思政教育中的成功经验，并从中获得启示和借鉴。一个典型案例是某高校利用信息技术推动思政教育创新的实践。该高校在教学中充分利用了现代化的信息技术手段，例如建设在线教育平台、开发多媒体教学资源、引入虚拟实验等。通过对该案例的深入分析，我们可以发现以下几点成功经验和启示：

第一，信息技术的广泛应用丰富了思政教育的教学手段和资源。通过在线教育平台，学生可以随时随地进行学习，打破了时间和空间的限制；多媒体教学资源丰富了教学内容，使得思政教育更加生动形象；虚拟实验提供了实践性的学习机会，增强了学生的实践能力和创新意识。

第二，信息技术的应用提升了思政教育的教学效果。通过在线互动平台，学生和老师之间可以进行实时互动和讨论，促进了师生之间的交流与合作；多媒体教学资源能够激发学生的学习兴趣，提高学习的主动性和参与度；虚拟实验则使得抽象的理论知识更加具体化，增强了学生的理解能力和应用能力。

第三，信息技术的应用提高了教学管理的效率和水平。通过在线教育平台，教师可以实时了解学生学习情况，及时进行教学反馈和调整；多媒体教学资源的使用减轻了教师的教学负担，提高了教学效率；虚拟实验则减少了实验设备和场地的需求，节约了教学资源。

二、研究框架

本研究的框架旨在系统性地探讨基于信息技术的高校思政教育教学创新，并为高校思政教育的改革与发展提供理论支持与实践指导。

第一，导论部分将介绍研究的背景与意义，明确研究的目的与内容，并阐述研究方法与框架。在高校思政教育现状分析章节，将对高校思政教育的概念与内涵、发展历程、存在问题与挑战以及发展趋势进行综合分析，为后续研究提供理论基础。

第二，信息技术在高校思政教育中的作用章节将深入探讨信息技术在教学中的优势、应用现状、对教育的影响以及对教育发展的提升，以及基于信息技术的高校思政教育模式创新，从在线教育平台、多媒体教学手段、虚拟实验、社交网络等方面展开论述。

第三，信息技术下高校思政教育资源建设章节将重点关注数字化教学资源建设、网络化课程内容制作、开放式教育资源共享以及信息技术下的教育评估与监管。在信息技术推动高校思政教育的改革与创新章节，将着重讨论教育观念的更新与转变、教学模式的创新与拓展、教育管理体系的优化与调整以及教师队伍建设与培训，为高校思政教育提供新的发展路径。

第四，信息技术在高校思政教育中的挑战与应对策略章节将分析技术设施与资源不足、教师素质与能力不匹配以及学生学习习惯与态度问题，并提出相应的应对策略。综合展望未来发展的信息技术助力高校思政教育的未来发展，预测信息技术发展趋势，探讨未来发展方向，以及信息技术与思政教育的深度融合，为高校思政教育的创新与发展提供理论支持与实践指导。

第二章　高校思政教育现状分析

第一节　高校思政教育的概念与内涵

一、思政教育的定义与内涵解析

（一）思政教育的定义

思政教育作为高等学校教育中的重要组成部分，具有广泛而深刻的内涵。首先，思政教育旨在培养学生正确的世界观、人生观和价值观，这意味着它不仅关注学生的学业成绩，更重要的是关注其人生观念和社会责任感的形成。其次，思政教育是全面的，不仅涉及政治思想教育，还包括道德品质、法治观念、爱国主义情感等方面的培养，旨在实现学生的全面发展。再次，思政教育是系统的，它要求学校在整个教育过程中对学生进行长期、系统的思想政治教育，以确保学生的思想政治素质得到全面提高。最后，思政教育是长期的，它不仅是在一段时间内进行的一次性活动，更是贯穿于学生整个学习生涯的一项长期任务，旨在使学生在学校期间树立正确的思想观念，成为德智体美劳全面发展的社会主义建设者和接班人。因此，思政教育不仅是传授知识，更是引导学生树立正确的人生观和社会观，从而推动个人成长与社会进步的良性循环。

（二）思政教育的内容结构

1.思想政治理论课的实践教学

思想政治理论课的实践教学在高校教育中扮演着重要角色，其内涵和外延的明确定义是实践教学有效开展的前提和基础。思想政治理论课实践教学旨在配合课堂理论教学，培养学生运用理论分析和解决实际问题的能力，提高学生的综合素质和实践能力。该教学模式主要分为课内实践教学和课堂外实践教学两个方面。

课内实践教学是在高校思想政治理论课的课堂内进行的实践教育活动。其目的在于通过课堂内的教学环节，帮助学生将理论与实际问题相结合，深入理解和感受课堂教学的内容，增强学生对理论教学的接受程度。这种教学形式包括但不限于案例教学、课堂讨论、学生模拟教学、多媒体教学、专题讲座和形势报告等。通过这些形式，学生可以积极参与到课堂教学中，发挥主体作用，深入探讨和分析理论问题，从而加深对思想政治理论的理解与应用。

而课堂外实践教学则是在课堂教学之外进行的实践性教学活动，作为课堂理论教学的延伸和拓展。这种教学活动通常以校内实践活动和校外实践活动两种形式展开。校内实践活动包括研究实践、社团活动和校园文化活动等，旨在通过学校内部的资源和平台，为学生提供更多的实践机会，丰富他们的学习体验。而校外实践则包括社会调查、参观访问、暑期"三下乡"活动和志愿服务等，通过参与社会实践，学生可以深入了解社会现实，增强社会责任感和实践能力。

因此，思想政治理论课的实践教学既包括了课堂内的教学环节，又涉及课堂外的实践活动，其目的在于帮助学生将理论知识与实际问题相结合，提高他们的综合素质和实践能力。加强思想政治理论课的实践教学，不仅有利于提高教学的针对性和实效性，还能够增强教学的吸引力和感染力，更好地培养大学生的理论联系实际的能力，促进其全面发展。

2. 社会服务型实践

（1）文化、科技、卫生"三下乡"活动

自 1990 年开始，中宣部、教育部、团中央联合发起了大中专学生暑期社会实践活动，旨在引导大学生走向与实践相结合、与工农相结合、与生产劳动相结合的道路。1996 年，为进一步促进农村文化、科技和卫生事业的发展，十部委联合下发了《关于开展文化科技卫生"三下乡"活动的通知》，将"三下乡"活动引入全国农村。此后，这项活动被正式更名为文化、科技、卫生"三下乡"社会实践教育活动。大学生参与"三下乡"活动，不仅在实践中发挥自身的理论知识优势，而且深入农村和城镇的各个社区、企业、学校、工厂以及军队，开展环保、普法、支教、医疗、科普、宣讲等各类实践教育活动。

该活动的主要目的在于引导大学生深入了解和认识"三农问题"，围绕乡村科技、经济和社会发展的热点问题，开展深入的调查研究。在实践中，大学生将问题分区域、分行业、分类别地进行讨论分析，并形成较为成熟的专题研究报告。这些报告将具有建设性意义的调研结果汇报至相关部门，推动高校与地方对接，促进理论与实践、课堂与社会的互动，最终实现服务"三农"的目标，为地方科技进步和经济社会发展作出贡献。

在"三下乡"实践过程中，大学生不仅加深了与人民群众的联系，还积极宣传党的理论政策，传播现代科技文明。这种参与社会建设的实践使得大学生实现了精神思想的深化，坚定了服务于人民的信念，增强了社会责任感。同时，他们也提升了自身的认知能力、适应能力、思维能力、创新能力和实践能力。

因此，"三下乡"活动在中国高校教育中具有重要的意义。它不仅为大学生提供了与社会联系的平台，促进了理论与实践的结合，还培养了他们的社会责任感和创新能力，为中国农村的发展和现代化建设作出了积极贡献。

（2）科教、文体、法律、卫生"四进社区"活动

自 2005 年起，中央文明办、共青团中央、中华全国学生联合会共同发起了科教、文体、法律、卫生"四进社区"大学生暑期社会实践活动，作为"三下乡"活动的重要延伸，旨在为大学生提供运用专业知识、服务社会、锻炼实践能力的平台。这一活动已经成为适应时代需要、服务社会精神文明建设和大学生成长成才需要的重要实践教育服务活动。

第一是科教进社区。组织大学生在社区与居民开展科普展览、科学竞赛、科普旅游、科普演出等活动，以"讲科学文明、建和谐社区"为主题，通过创办社区科普文化宣传栏、编写科普教育读本等方式，宣传普及科学生活观念和知识，提高社区居民的生活质量。

第二是文体进社区。大学生利用社区现有的文体设施，组织丰富多彩的社区群众性文体活动，包括文艺演出、社区图书室等，以丰富社区居民的文化生活，推动先进文化的传播。

第三是法律进社区。高校组织大学生深入社区开展法律咨询、普法宣传、法律援助等活动，与社区建立长期服务指导制度，不断提高社区居民的法制意识，完善社区的法制环境。

第四是卫生进社区。医学专业的大学生建立健全医疗卫生服务站，为居民提供便捷的医疗卫生服务，开展医疗卫生常识宣传咨询，为困难家庭等群体提

供卫生保健服务，倡导健康生活的观念。

"四进社区"实践活动已成为大学生参与社会服务的重要内容。大学生通过运用自身所学的专业知识，帮助社区居民解决实际问题，为人民群众排忧解难，既培养和体现了大学生的社会责任感和担当意识，又更好地促进了理论知识与实际生活相结合。这一活动不仅有利于大学生的成长和成才，也为社区的发展和进步作出了积极贡献，展现了高校教育在社会服务中的重要作用。

（3）社会咨询、理论宣传和技术服务

社会咨询服务作为一种新兴的咨询服务，内容包括社会信息、社会关系、社会组织、社会需求、社会环境、社会心理等咨询服务，大学生运用专业知识为政府和群众提供政策参考和咨询服务；大学生做好理论宣讲服务的前提是大学生自身弄懂理论，用群众易于接受的语言方式给群众讲清楚道理，消除群众思想上的困惑，还需要大学生掌握理论联系实际的能力，才能使理论宣讲服务能够解决实际问题并指导实践活动；技术服务是高校组织大学生运用专业技术和经验等在大学校园内、城市社区和乡镇农村为人民群众提供技术服务，如维修自行车、电视机等生活电器之类的技术服务。

（4）青年大学生志愿服务活动

青年大学生志愿服务活动是思想觉悟较高、道德品质良好、热爱公益事业的大学生秉持"奉献、友爱、互助、进步"的志愿服务精神，自愿利用个人的业余时间，结合自身专业知识和技能，无偿地为他人、社区和社会提供非营利性的、非职业化援助的服务活动。自1993年共青团中央十三届三中全会推出青年志愿者服务活动以来，青年大学生志愿服务活动在增强高校思想政治教育实践育人方面发挥着重要的积极的作用，已成为增强大学生社会责任感、奉献精神和公民意识的优良载体，对大学生开阔视野、丰富人生阅历和提高参与社会公共事务的能力发挥着重要作用，对建设社会主义和谐社会也发挥着积极作用。

3. 社会考察型实践

（1）依托爱国主义教育基地进行实践教育

爱国主义作为民族精神的核心是中华各族人民的精神支柱，是社会主义精神文明建设的主旋律，是培养"四有"精神的首要要求。为深化爱国主义教育，我国建立了许多爱国主义教育基地对青少年进行爱国主义实践教育，中共中央国务院印发的《新时代爱国主义教育实施纲要》中指出："各级各类爱国主义教育基地,是激发爱国热情、凝聚人民力量、培育民族精神的重要场所"。加强爱国主义教育基地建设,是不断提高大学生思想政治教育实践育人实效性的迫切需求。

(2)依托红色文化资源进行实践教育

红色文化是中国特色社会主义先进文化的重要组成部分,是我国文化软实力精神传承的一部分。红色文化资源是红色文化的重要载体,是中国共产党领导全国各族人民进行革命、建设和改革开放的历史文化遗产。依托红色文化资源进行学习参观,有利于加强和改进大学生革命传统教育、爱国主义教育和思想道德教育,有利于实现大学生思想政治教育的创新发展。

4.劳动教育型实践

劳动教育型实践主要根据劳动内容的性质划分为勤工助学活动、劳动实践教育和环境保护活动三种类型。

(1)勤工助学活动

勤工助学活动由勤工俭学演变而来,经济社会的发展为其赋予了新的时代内涵。其内容形式丰富多样,一是校内勤工助学活动,包括生产实践、自我服务、文化娱乐和助教助研岗位;二是社会勤工助学活动,包括家教服务、商品促销、技术培训、科技开发、市场调查和企业兼职。由此可见,随着经济社会的发展,当代大学生勤工助学活动的内涵和外延不断丰富,勤工助学的参与对象不再局限于家庭经济困难的学生,大学生逐渐开始出于认知社会、丰富经历、追求经济独立和锻炼能力的目的参与其中。可见,勤工助学活动已由最初的解决经济问题的活动演变为一个实现人的全面发展,推动社会经济发展,缩小固有教育方式培养出来的与社会实践需要的人才差距的重要实践活动的形式。

(2)劳动实践教育活动

"劳动实践教育就是关于劳动思想、劳动知识和劳动技能教育的实践性教学活动。也就是教育者根据教育大纲的要求,有组织、有计划地安排生产性的集体活动,向受教育者传授现代劳动生产地基本知识和专业劳动技能,使他们在劳动生产的实践过程中树立劳动观念,练习劳动技能,培养劳动能力的实践性教学活动。"可见,劳动实践教育必须将生产性集体劳动作为主要形式,通过劳动生产过程中的实践操作培养学生的基本劳动能力,在集体性劳动中培养学生的集体主义精神和奉献精神,最终引导学生树立正确的劳动观。在高校思想政

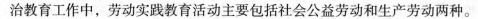

治教育工作中，劳动实践教育活动主要包括社会公益劳动和生产劳动两种。

（3）环境保护活动

随着经济社会发展，人们逐渐意识到环境保护的重要性，认识到人与自然的和谐统一和人类社会的可持续性发展之间的关系。大学生们面向社会广泛进行环境保护和环境调查活动，利用文艺晚会、主题演讲、摄影展览等形式唤醒人们的环境保护意识。高校内部也逐渐重视学生的环境保护意识的培养教育。

5. 校园文化型实践

校园内的实践教育活动主要体现为校园文化建设，这是一种环境力量，对学生的成长和发展产生着深远的影响。高校校园文化是指在高等教育机构的办学过程中，为促进学生健康成长、提高师生文化素质和道德品质、实现教育发展目标而创造的物质、精神、制度和活动的总和。文娱活动作为校园文化的重要组成部分，是高校精神文明建设的核心内容之一，通过生动活泼的形式丰富着师生的精神生活。校园文化建设中的文娱活动包括各类学术讲座、报告、演讲比赛、歌咏比赛、文艺晚会、书画摄影展览等，这些活动不仅能够满足学生多元化的兴趣爱好，还能够促进他们综合素质的提高。

另一个重要方面是高校学生社团。根据学生的兴趣爱好，学校鼓励并支持学生依自愿原则组建各类学生社团，如政治理论型、学术研究型、文艺活动型、公益服务型、科技创新型、兴趣爱好型等多种类型。这些社团具有组织层次性、活动形式多样性、交往直接性、行为自律性、内容稳定性、活动形式灵活性、组建自发性、结构松散性、知识专业性和参与广泛性等鲜明特征。学生社团不仅为学生提供了丰富多彩的校园生活体验，还培养了学生的团队合作精神和领导能力，成为高校校园文化建设的重要载体，也是高校思想政治教育的重要渠道。

总的来说，校园文化型实践活动是高校实践教育的重要组成部分，旨在为学生提供丰富多彩的精神文化生活体验，促进学生全面发展。通过各种文娱活动和学生社团的建设，学生得以在自我实践中培养自主、创新、团队合作的能力，不仅有助于丰富校园文化，更有利于学生的成长与发展。

二、高校思政教育的特点与要求

（一）灌输性与启发性相统一

思想政治教育是指一定的阶级、政党和社会群体用其所需的思想政治观念、道德规范等，有目的、有计划、有组织地对成员施加影响，使成员形成自身所需的思想政治品德的社会实践活动。

1.思想政治教育的根本目的

任何阶级为了实现和维护自身的统治，都需要通过思想政治教育的手段来实现自身对国家和社会的统治；作为生存在社会环境中的个体，为了实现自身的发展，也必须在接受思想政治教育引导教育的同时接受社会政治规范，形成相应的思想道德品质。思想政治教育既是统治阶级实现和维护自身利益的工具，也是个人实现生存发展的重要方式，即思想政治教育是普遍存在的实践活动，是从思想道德的层面上对人的教育和培养，因此必须遵循人的思想品德形成发展规律。人的思想品德的形成发展受外在客观环境和内在主观条件的双重影响，必须依据个体的生理心理状态施加思想政治教育的影响，但是个体并不会自觉地形成正确的阶级意识和政治意识，更不会自发地形成形成科学的世界观、人生观和价值观。所以思想政治教育必须要让个体接受主流的意识形态，将思想政治教育的内容以主导性、强制性的方式"灌输"给教育对象，灌输理论是确立思想政治教育地位、作用、方针、原则、任务、内容的直接理论依据。

2.高校思想政治教育实践育人的"灌输性"

高校思想政治教育实践育人作为思想政治教育的重要内容和重要形式，必不可少的带有思想政治教育的灌输性特点。但高校思想政治教育实践育人的"灌输性"并非传统教育意义上的"填鸭式"教学，而是思想政治教育者有意识、有计划、有目的、有组织地将思想政治教育的内容传输给受教育者，此过程中，思想道德观念、政治意识形态、科学理论知识都是思想政治教育者通过引导"灌输"给受教育者的，实践育人过程中的"灌输性"也是学生将以上内容内化到头脑中的关键。

3.高校思想政治教育实践育人的"启发性"

高校思想政治教育实践育人作为高校思想政治理论课的重要补充内容，十分重视培养学生的自主学习和独立思考的能力，通过实践教学、案例分析、社会实践、志愿服务、参观学习和社会调查等活动形式引导学生亲自参与到问题的发觉、分析和思考的过程中去，在这一过程中激发学生主体的求知欲和积极性，提高理论知识的内化和实践检验真理的能力，从而增强学生的价值判断能力和创新意识。高校思想政治教育实践育人活动能够充分调动学生的主观能动性，进而使学生在主观上能够认识到思想政治觉悟和道德观念的重要意义，并自觉地制定学习目标，将思想政治教育的内容潜移默化地融入个体的价值观体系中，提高思想政治教育的目的性和计划性，激发学生主观能动性的过程体现出高校思想政治教育实践育人极强的"启发性"。高校思想政治教育实践育人具有"灌输性"与"启发性"相统一的特点，能够在实现理论知识引领价值观念的同时，促进思想政治教育的内容真正地入脑入心，促进大学生的知行转化。

（二）价值性与知识性相统一

高校思想政治教育实践育人具有价值性与知识性相统一的特点，这不仅是理论认识问题，更是实践理性问题。在思想政治教育实践育人过程中，价值性与知识性统一的实现需要正确的实践理性和科学的实践方法才能得以实现。

1.教育实践活动的本质特点

教育实践活动的本质特点在于价值性与知识性的辩证统一，这一特点在高校思想政治教育实践育人中得到集中体现。高校思想政治教育实践育人的知识性体现在教育的目标、内容和载体的各个方面。首先，教育的目的在于使教育对象掌握马克思主义理论知识和习近平新时代中国特色社会主义思想。这不仅包括对相关理论知识的掌握和记忆，更重要的是理解并能够应用这些知识。通过传授这些理论知识，高校教育致力于培养学生的思维方式和价值理念，促进其素质向有利于个体和社会的正向发展。这体现了高校思想政治教育实践育人作为教育实践活动的知识性本质特点。

其次，高校思想政治教育实践育人也注重价值性。除了关注学生对理论知识的掌握外，更加重要的是如何使学生形成正确的政治观念和价值倾向，并将其应用于个人实践中。通过思想政治教育实践活动，学生被引导去思考社会、国家、个人的责任与担当，形成积极向上的人生态度和社会价值观。因此，高校思想政治教育实践育人作为教育实践活动的价值性本质特点得到了彰显。

2. 由认知到价值的转化

从认知心理学的角度，道德、信仰等是比判断、推理等单纯的逻辑思维更复杂的认识活动，因为它们较之后者，会更多地受到情感、意志、性格等非理性心理因素的影响。理性认知只有在情感作为催化媒介的条件下才能转化为价值标准，情感是促进个体内在认知价值转化的动力。高校思想政治教育实践育人活动相较于高校思想政治理论课的理论教学，最大的特点就是注重学生的体验，将学生从理论知识中拉回到现实生活实践中来，使学生在情境体验的过程中催生出情感，从而促进理论知识向价值观念和行为标准的转化。认知和行为养成高校思想政治教育实践育人是从科学的认识论出发，坚持将实践教育的精神和方法贯穿知识教育始终，体现在两方面：一方面，高校思想政治教育实践育人在教育中实践。如课内实践教学的案例教学，结合生活实例和现实经验进行知识理论的讲授，使学生在设身处地的感受中接受实践教学的教育影响；另一方面，高校思想政治教育实践育人在实践中教育。通过开展实践教育活动，使学生在现实的社会实践生活中亲身体验并接受教育。

（三）主导性与主体性相统一

高校思想政治教育实践育人过程中，思想政治教育者与学生都是主体，思想政治教育者是"主导性主体"，学生是"学习性主体"，二者在实践育人的目标中实现双向互动。

1. 思想政治教育者是主导性主体

在思想政治教育的实践育人过程中，思想政治教育者扮演着主导性的角色。他们通过教育和引导的方式，以马克思主义理论和马克思主义中国化的理论成果为指导，对学生进行思想和行为上的教育引导。在这个过程中，思想政治教育者的主导性主要体现在两个方面。

第一，思想政治教育者在实践教育的过程中，通过纠正学生的思想错误来保持教育的方向。学生在学习成长过程中难免会出现思想和行为上的偏差，这种偏差可能会对实践育人的实施过程和育人目标的实现产生干扰。因此，思想政治教育者需要通过实践活动中的客观事实来纠正学生的错误观念，确保教育目标的实现。

第二，思想政治教育者注重启发学生的思维，在实践过程中引导学生自主探索、思考、讨论和解决问题。这种教育方法旨在使学生自觉地接受并内化正确的思想政治观念和道德标准，将其融入个人的人格形成过程中。通过这种方式，思想政治教育者能够更好地激发学生的学习兴趣和主动性，促进其个人素质的全面提升。

在思想政治教育实践育人过程中，学生是学习性的主体。他们不仅是被动接受知识，更应该是积极主动地参与到学习过程中。学生需要将自己作为教育对象进行自我教育，通过探索式学习的方式，积极主动地参与到思想政治教育实践活动中。在这个过程中，思想政治教育者应当围绕着现实实践开展教育，提高学生的学习参与度和主体自觉性，引导他们适应和改变环境，认知和发展社会的能力。通过这样的学习方式，学生能够更好地理解和应用所学的知识，形成积极向上的思想观念和行为准则，从而实现个人素质的全面提升。

3. 主导性主体与学习性主体的互动交融

高校思想政治教育实践育人的目标体现了社会价值与个人价值的统一。社会价值层面上，需要培养有理想信念、担当民族复兴大任的时代新人；个人价值层面上，需要实现个人的德智体美劳的全面发展。思想政治教育实践育人是实现个体政治社会化的重要途径，通过实践教育活动，学生在理论知识的基础上进一步获取认知，在情感催化的媒介作用下增强政治和社会认同，实践活动中的改革开放建设成就、脱贫攻坚成就等元素引导学生投身社会主义现代化建设，个人价值与社会价值的统一就是在思想政治教育主导性主体和学生学习性主体的互动交融下实现的。

（四）显性教育与隐性教育相统一

1. 教育形式具有隐蔽性

在高校思想政治教育实践育人中，显性教育与隐性教育相统一的优势之一在于教育形式的隐蔽性。相较于传统的思想政治教育方式，实践育人的过程中，教育者可以通过设置具体的情境和活动来隐蔽性地进行思想政治教育。这种隐蔽性教育形式可以减少学生的抵触心理和防备心理，使得他们更为自然地接受教育。通过在实践活动中潜移默化地引导学生，实现了思想政治教育的"润物无声"的育人效果。

2. 教育过程具有趣味性

另一个显性教育与隐性教育相统一的优势在于教育过程的趣味性。实践育人将思想政治教育内容融入具体的实践活动中，例如社会实践、志愿服务、参观学习等，使得学生在参与活动的过程中能够体验到学习的乐趣。与传统的教育方式相比，这种趣味性的教育过程更容易引发学生的兴趣和主动参与，从而实现了从被动接受到主动需求的转变。

3. 教育资源具有宽广性

在思想政治教育实践育人中，教育者可以广泛利用各种形式多样且丰富的教育资源，从而实现显性教育与隐性教育相统一的优势。这些教育资源包括校园文化、博物馆、广播电视台等，甚至可以涉及时政热点等内容。通过将思想政治教育内容融入这些教育资源中，教育者可以更加灵活地开展教育活动，使得教育过程更加具有丰富性和多样性，从而更好地实现育人目标。

在实践育人的过程中，显性教育与隐性教育相统一，不仅可以提高教育效果，还能够增强学生的参与度和主动性，促进其全面发展。因此，这种教育方式在高校思想政治教育实践育人中具有重要意义和价值。

第二节　高校思政教育的发展历程

一、高校思想政治教育专业回顾

我国高校思政教育专业是 20 世纪 80 年代初开始形成和发展起来的。伴随着改革开放，在党和国家的高度重视下，思政教育专业取得了长足的进步，但也存在着各种问题，因此有必要对思政教育专业发展历程进行梳理，总结过去、立足现在、展望未来，以有效推进其在新形势下更好地发展。[1]

（一）探索与起步时期（1978—1984 年）

在 1978 年至 1984 年的探索与起步时期，随着中国改革开放和社会主义现代化建设实践的不断推进，"科学化"成为该时期高校思想政治教育理论与实践的核心命题。这一时期的思政教育在党的十一届三中全会召开后迎来了春天。

1　宋小红，赵艳波 . 高校思想政治教育专业回顾及展望 [J]. 河南教育学院学报（哲学社会科学版），2016，35（06）：58-61.DOI：10.13892/j.cnki.cn41-1093/i.2016.06.011.

这次历史性的全会为中国高校思政教育专业的设置与建设提供了重要的契机。特别是在 1980 年，《光明日报》发表了题为"思想政治工作要科学化"的文章，引发了全国范围内的广泛讨论，为思想政治教育专业的设立奠定了理论基础。此外，1983 年，党中央批转了《国营企业职工思想政治工作纲要（试行）》，这一文件的出台进一步推动了思政教育的发展。为了贯彻落实该文件的精神，教育部召开了相关会议，确定了"思想政治教育专业"的专业名称，并规划了专业课程设置，决定于次年开始招生。实践证明，思政教育专业的诞生不仅顺应了时代的潮流和改革开放的需求，更符合了广大人民群众加强社会主义精神文明建设的迫切要求。这一重要举措为促进思政工作系统化、科学化发展奠定了坚实的基础，标志着中国高校思政教育迈向了新的阶段。

（二）建设与规范时期（1984—1995 年）

在 1984 年至 1995 年的建设与规范时期，"学科化"成为高校思想政治教育发展的重要内容。1984 年，教育部颁发相关文件，决定首先在一些重点高校开设思想政治教育专业。这一举措标志着高校思政教育开始步入规范化建设的轨道。首批开设思政教育专业的高校包括南开大学、武汉大学等 12 所重点院校。不久之后，教育部又先后批准了清华大学等 6 所高校开设思政教育专业第二学士学位班，进一步丰富了思政教育的人才培养体系。1988 年，武汉大学等院校开始招收思政教育专业的硕士研究生，这是思政教育专业建设的一大突破，标志着思政教育的专业建设、学科建设取得了重大进展。

1993 年，国家教委发布文件指示，为培养具有良好专业知识技能和先进政治思想觉悟的专门人才，继续推进思政教育专业建设。该文件就思政教育专业的培养目标等五方面进行了详细说明，为高校思政教育专业的规范化发展提供了指导和支持，具有重要的指导意义。

为了进一步推进思想政治教育专业建设，1994 年 6 月，郑永廷、张耀灿等专家学者分别向国务院学位委员会提交了书面建议，呼吁对思政教育专业进行整合和优化。这些建议受到了党中央的重视。随后，国务院学位委员会、国家教委将思政教育专业与马克思主义理论教育专业整合、优化，统称为马克思主义理论教育与思想政治教育专业，划归于大法学门类的政治学。这一整合优化的举措进一步提升了思政教育专业的地位和影响力，促进了专业建设的规范化和深入发展。整个时期的探索和建设为高校思政教育的未来发展奠定了坚实基础，为培养德智体美劳全面发展的社会主义建设者和接班人提供了有力保障。

（三）稳定与提高时期（1996—2004年）

1996年至2004年的稳定与提高时期，见证了思政教育专业在马克思主义理论与思想政治教育学科领域的稳步推进和发展。在这一时期，高校思政教育专业的地位和影响力不断提升，为培养思政教育专业人才队伍作出了重大贡献。

1996年，国务院学位委员会首次批准清华大学、武汉大学、中国人民大学作为马克思主义理论与思想政治教育专业博士培养基地。这一重要举措不仅是该学科教育史上的一件大事，更是我国高校思政教育专业学科层次的提升与飞跃。随后的十二年间，全国共有70所高校设置了该专业，其中一半先后获得了硕士点。数据显示，截至1997年，已有超过11000名本科生和研究生从思政教育专业毕业，为国家和社会培养了大批优秀人才。

1997年，国家教委、国务院学位委员会将马克思主义理论与思想政治教育专业归为法学门类政治学类，专业代码为030502，这一举措为专业的规范化和标准化发展提供了重要的指导。

进入21世纪，党中央进一步加强了对思政教育专业的指导力度。2001年，党中央提出了"以德治国"的方略，突出了思政教育的重要作用和基础性地位，为思政教育专业的可持续发展指明了方向。随后，国家将武汉大学、中国人民大学等高校的马克思主义理论与思想政治教育专业定为国家重点学科，为专业的发展提供了有力支持和保障。

2004年9月，党中央出台《关于进一步加强和改进大学生思想政治教育的意见》，要求加强思政教育学科建设，并要求攻读思政教育专业的学士、硕士、博士，学成后专职从事思政教育工作。这一文件的出台标志着新世纪新阶段大学生思想政治教育的重要指导文件，为高校思政教育专业的进一步发展指明了方向和目标，推动了思政教育专业迈入了一个崭新的发展阶段。

（四）改革与升华时期（2005年至今）

2005年至今，中国思政教育学科和专业迎来了大繁荣和大发展的时期。2005年12月，教育部、国务院学位委员会发布了相关文件，决定增设马克思主义理论一级学科，同时取消政治学一级学科下的思政教育专业。这一举措被视为对思政教育专业最全面、最彻底的改革，也是最科学、最合理的定位。通过将思政教育纳入马克思主义理论一级学科的体系中，实现了从本科、硕士到博士三个层次的统一，为思政教育专业的进一步发展提供了更大的空间和平台，使其在学科体系中更加完整、更具权威性。

随着改革的推进，一些高校的思政教育专业逐渐获得了特色专业、国家重点学科、博士后流动站等称号，专业得以跨越式发展。2012年，党中央强调要继续深入推进马克思主义理论研究和建设工程，为思政教育专业的发展提供了更为明确的指导。随后，国务院学位委员会进一步颁布相关文件，为思政教育专业的发展指明了方向。至此，我国高校逐步形成了从本科到硕士、博士层次完备的思政教育专业人才培养体系，并日益完善、日益发展。

从博士点的发展来看，1998年仅有3个博士点，但随后的发展迅速，到2005年已经增长到48个，2009年发展到66个，目前已经达到70个，其中包括马克思主义理论一级学科博士点和思政教育二级学科博士点各35个。这一增长趋势充分展示了思政教育专业在学术领域的重要性和发展潜力。

当前，善用"大思政课"已成为办好、讲好、用好思政课的重要体现。教育部社会科学司将"善用'大思政课'，统筹推进高校思政课建设高质量发展"作为工作要点之一，实施"大思政课"建设专项行动。教育部等十部门印发的《全面推进"大思政课"建设的工作方案》将"善用社会大课堂"作为全面推进"大思政课"建设的重要途径。[1] 这一理念要求高校思政课立足于悠久的文明历史与壮阔的发展画卷，又立足于生动的社会实践和鲜活的时代人物。通过建设"大课堂"、搭建"大平台"、建好"大师资"、用好"大资源"、汇聚"大合力"、激发"大能量"，可以更好地实现思政教育的目标，触动青年大学生的心灵，进而促进他们的思想品德与实践能力的全面提升。

二、高校思想政治教育专业发展的经验与展望

在党中央的正确领导下，历经多年的发展、创新，思政教育专业在人才培养、教材编著、理论研究、队伍建设及专业层次递升等方面，都取得了令人满意的成就，现已日渐成为以当代马克思主义为指导的具有中国特色、中国风格、中国气派的学科专业。几十年的发展可圈可点，三十多年的经验弥足珍贵。

1　郝保英，王涛．"大思政课"视域下高校思政课的实践性论析 [J]．思想理论教育导刊，2022，（10）：106-112.DOI：10.16580/j.sxlljydk.2022.10.020.

新形势下，思政教育专业要想实现既全面又科学的良好发展，应注重以下三个方面。

（一）思政教育专业发展应坚定正确政治方向、明确主攻方向

思政教育专业的发展应该坚定正确的政治方向，这是确保专业建设稳步前行的关键。

第一，思政教育专业应以马克思主义特别是中国化的马克思主义为指导。这一理念源于思政教育专业的较强意识形态和政治性质，以及其专业人才培养目标。在专业建设过程中，必须始终贯彻党的指导思想，坚定理论信念，确保教育内容与马克思主义理论相一致。教育者们应通过系统、全面的马克思主义教育，引导学生树立正确的世界观、人生观和价值观，坚定中国特色社会主义道路自信、理论自信、制度自信。只有这样，才能确保思政教育专业在教学和研究中始终保持正确的政治方向，为培养德智体美劳全面发展的社会主义建设者和接班人提供坚实的理论基础和思想武装。

第二，思政教育专业应具有明确的主攻方向。一方面，要以马克思主义中国化的理论成果为指导，坚持理论联系实际的原则。在专业建设中，应当紧密结合当代国际形势、我国深化改革的实际、高校思政教育工作的需求等，把握主攻方向。同时，要围绕社会主义现代化建设和改革开放中的意识形态领域重大理论和现实问题，深入研究、积极探索，为解决实际问题提供理论支撑和智力支持。另一方面，在中国特色社会主义的指导下，应当紧密结合实际需求，善于发现问题、解决问题，积极推动教育工作的创新和发展。要以服务国家、服务人民为宗旨，为社会主义事业的长远发展贡献智慧和力量。

第三，思政教育专业应积极推动教育内容和教学方法的创新，以适应时代发展的需要。在坚持正确政治方向和明确主攻方向的基础上，要不断提高教育质量和水平，培养德智体美劳全面发展的社会主义建设者和接班人。这需要教育者不断深化理论研究，提升教学水平，积极借鉴国内外先进经验，探索适合中国国情的教育模式和方法。同时，要充分利用现代技术手段，如互联网、智能化教学等，提高教学效果和吸引力，激发学生的学习兴趣和创造力。只有这样，才能更好地适应时代发展的需要，为国家和社会培养更多具有高尚思想品德和扎实专业素养的人才。

（二）思政教育专业发展应坚守课堂教学阵地和社会实践基地

思政教育专业的发展应当坚守课堂教学阵地和社会实践基地，这两者共同构成了专业教育的重要支柱和核心环节。

第一，课堂教学作为实现思政教育目标的主要场所和主要途径，必须建立和完善具有活力的教学体系。在课堂教学中，应注重实效性，坚持突出专业特色与少而精且管用的原则。教学内容要针对性强，切忌教条主义和机械灌输，而应通过富有启发性和互动性的教学方式，真正使学生接受并理解所传达的理论知识。同时，师生之间的有效互动也是课堂教学的关键。鼓励学生提问、思考，积极参与讨论，创新教学模式，以激发学生的学习兴趣和主动性，从而实现学以致用、用以促学、学用相长的教学目标。此外，还应根据不同层次的学生需求，设置相应的基础课、专业课和相关学科课程，以满足他们的学习需求和专业发展。

第二，思政教育专业的发展应当以社会实践为基础，服务于实践。思政教育专业不仅是在实践中诞生的，更是在实践中发展壮大的。因此，专业建设必须紧密结合党和国家的发展需求，与社会实际生活和学生价值观念密切相关。只有坚持理论与实践相结合，将系统地学习融入社会，才能使学生充分认识国际国内形势，自觉运用所学的专业理论知识去分析和解决现实问题。因此，思政教育专业应当探索和建立社会实践与专业学习相结合的管理机制，鼓励并组织学生到实践基地、基层和人民群众中去。通过参与实践活动，学生不仅能够增强对社会、国情的了解，树立正确的人生观、价值观，还能够磨炼意志、培养品格，提高社会责任感和使命感，最终发挥出思政教育专业的特色和优势，为实现中华民族伟大复兴的中国梦服务。

思政教育专业的发展必须坚守课堂教学阵地和社会实践基地，通过课堂教学传授理论知识，培养学生的思想品德和专业素养，通过社会实践提升学生的综合能力和实践技能，从而为培养德智体美劳全面发展的社会主义建设者和接班人作出积极贡献。

（三）思政教育专业发展应注重队伍良性扩展和学科合理发展

思政教育专业的发展需要重点关注队伍良性扩展、专业建设和学科合理发展，这三者相互关联、相互促进，是思政教育专业持续健康发展的关键因素。

第一，思政教育学科的建设对于专业人才培养和专业建设至关重要。学科的基础理论研究水平直接影响着专业教育的质量和水平。因此，思政教育专业应当加强对学科基础理论的建设，构建严谨、规范的学科理论研究体系，充实学科的理论内容，为专业人才的培养提供坚实的理论支持。

第二，人才队伍的建设是专业和学科发展的核心环节。由于思政教育专业相对年轻，一些中青年教师可能缺乏专业基础知识，这就需要加强对教师队伍的培养和引导，增强他们的学科意识和理论素养，不断提升他们的综合素质和创新能力，从而为专业建设和学科发展提供人才保障。

第三，学科的合理发展是专业建设和人才队伍建设的基础和保障。思政教育专业应当加强与其他相关学科的交叉融合，充分借鉴和利用相关学科的研究资源和方法，拓宽学科发展的广度和深度，从而为专业的发展提供更加坚实的学科基础和理论支持。综上所述，思政教育专业的发展需要着重关注队伍良性扩展、专业建设和学科合理发展，通过不断加强这三个方面的工作，才能够实现思政教育专业的持续健康发展。

第三节　高校思政教育存在的问题与挑战

一、新时代高校思想政治教育的挑战

社会经济发展和社会现实需要是高校思想政治教育实践育人理念与政策发展的动力源泉。中国特色社会主义进入了新时代，为高校思想政治教育实践育人的发展带来新机遇和新挑战。正确认识高校思想政治教育实践育人的新挑战，是发挥其时代价值，促进其科学发展的前提和基础。

（一）功利化价值观带给实践育人效能的消解

劳伦斯在《现代教育的起源和发展》中指出："今天，我们却不问怎样使一个孩子成为完整的人；而是问我应当交给他什么技术，使他成为只关心生产物质财富的世界中的一颗光滑耐用的齿轮牙"。功利主义是在个人主义、经验主义和自由主义等西方传统理论的基础上，将行为效果作为是非与否和道德与否的判断标准的思想流派，"最大幸福"理论是功利主义的核心诉求，主张用"功利"来衡量人生的价值行为。按照功利主义价值观来看，眼前即得的、现实可见的、实用的利益是人物质和精神的最高目标，这种价值观将人的社会性与道德性割裂开来。玛莎·努斯鲍姆指出："我们正处在一场全球性的危机中，这是一场全球性的教育危机。世界各国的教育体系正在拼命寻求国家利益，人文教育和艺术教育正在被切断，各国一旦选择追求短期利益，培养完全适用于盈利的有用技能，我们所说的科学和社会科学设计人文的方面——他们关系到想象力和创造力，关系到严禁的批判思维——便失去了存在的基础"。功利主义思潮正由社会向高校蔓延，浮躁、形式化、功利化的不良现象在高校逐渐显现，部分大学生的思维方式、价值判断和行为方式都发生了巨大转变，对物质利益和经济利益的过度追求使金钱至上、利益至上的价值取向在大学生的精神生活中占据了主流地位。这种"以自我为中心"功利主义思想正冲击着大学生的世界观、人生观和价值观。当面对物质利益和金钱诱惑的时候，大学生的价值观也随之发生方向性的变化，将利益看作是人际交往的根本动力，在追求物质利益的过程中弱化了理想信念和道德标准。实践育人关注于人的社会化的整体进程，注重人的长远性、根本性和非功利性的价值获得，将实现人的全面发展作为终极的价值目标，建构起个体的精神世界。实践育人关注的人的全面发展和精神世界的建构，与功利主义价值观之间存在着不可调和的冲突和矛盾。实践育人是个长期过程，面对功利主义价值观的消解，既要遵循思想政治教育的规律找准定位和着力点，又要遵循人的成长成才规律，通过各种思想政治教育实践活动引导大学生树立正确的世界观、人生观和价值观，是新时代高校思想政治教育实践育人工作的侧重点和着力点。

（二）信息化学习观带给传统育人方式的冲击

随着经济社会和科学技术的快速发展，人类已进入知识经济时代，网络已成为人类生存的"第二空间"，信息技术也已经取代了工业生产成了国家强大的核心力量和资源。在信息快速发展的新时代，信息的快速更新发展呈现出对人才更大的需求，学习成了人们不断完善自身的终身任务。当前，正处于经济社会结构调整、社会主义市场经济体制不断完善、进一步深化改革开放以及社会主义现代化建设的新征程阶段，信息化的时代背景对高校的人才培养质量提出了新要求。新时代高校人才培养必须更新时代坐标和人才培养理念，实现新的发展。信息化的社会学习浪潮首先表现在终身学习的社会氛围。现代社会信息资源呈现出碎片化特点，人们可以通过各种网络媒体等途径有意或无意地获取相关信息，为不断增强个人的可持续竞争力，人们通过不断学习各种知识技能增强自身的竞争筹码，同时通过网络媒体浏览信息已成为新的生活方式，在有计划的学习和潜移默化地接受教育的交替过程中不断完善自身素质，学习由谋生工具演变为提高自身生存质量的手段。其次表现在交流学习的过程增加。交往能力和沟通合作能力已成为现代人的核心能力之一，随着经济社会的发展和科学技术的进步，国家之间、群体之间、个人之间的交流互动和合作沟通更甚从前，相互依存程度越来越高。可见，大学生的合作交流能力在当今时代的重要性和必要性，只有在与他人合作学习的实践过程中不断提高自身的交流合作能力，才能实现个体的全面发展和个性化发展的统一。最后是自主学习能力的提高和创新学习的诉求增强。在知识经济时代，个体利用网络信息自我学习、自我教育的能力水平决定了个体发展水平的高低，个体的学习也不再满足于接受式的单一学习过程，而呈现出主动探索的创新性学习特点。信息化的社会学习趋势对人才培养提出了信息化的诉求，在此诉求之下又衍生出了新的教育模式，在新模式中受教育者的主体性功能逐渐凸显。育人的方式手段与信息化学习趋势存在冲突。马克思主义的首要观点和基本观点就是实践，现代教育学也十分重视实践在人才培养过程中的作用发挥，但相较于传统的社会实践活动，信息化学习和网络化培养在人际交往和肢体劳动中并未真正产生，虽然已经实现了传统实践活动的部分育人功能，但在一定程度上对传统的实践育人理念存在一定的冲击与消解。如何面对现代化学习浪潮对传统实践育人方式和手段提出的新要求，是新时代思想政治教育实践育人需要解决的新问题。

（三）市场化办学观给价值理念带来的冲击

市场化的办学观是大学办学被市场牵着鼻子走，大学将教育服务当作产业来经营，围绕市场经济需求办教育，通过市场交易实现教育运转，以经济效益衡量办学成败，严重弱化大学人文化的社会行为或现象。办学观市场化在社会经济发展的一定阶段缓解了经济发展对高素质人才的需求和民众渴求高等教育大众化的现实困境。但是办学观市场化本身存在缺陷，由此会引发一系列的社会问题和教育风险。市场化的办学观，表现为看重办学规模的扩大而轻视高校人文内涵的涵养；重视科研教书却忽视实践的过程指导；重视技术能力的培训却忽视道德品质的培养；重视为经济社会发展服务，却忽略对非理性的价值观念的批判。实践育人效益之所以与市场化的办学观存在冲突，是因为实践育人的根本效益不仅体现在高校的人才培养效益，更体现在国民素质的整体提升。实践育人追求全民族的长远发展的国家利益，而市场化的办学观关注的是局部、眼前的利益，实践育人的过程具有长期性和滞后性的特点，与市场调节的即时性和暂时性存在矛盾；同时二者之间在人才培养上存在着理念冲突，实践育人秉持促进个体全面发展的教育理念，在理论教育的同时注重社会责任感和创新精神的培育，市场化的办学观受利益诉求的局限性，仅关注到高效实用的教育内容。再深入分析市场化的办学观的过程中，既要理性看待其对人才培养效益最大化的需求，又要解决实践育人效益与市场化办学观的矛盾冲突。

二、新时代高校思想政治教育的现存问题和原因分析

（一）新时代高校思想政治教育的现存问题

新时代高校思想政治教育实践育人作为高校实践育人的重要组成部分，受到高校实践育人工作开展情况的影响，因此明晰高校实践育人工作开展现状及成因，对新时代高校思想政治教育实践育人工作的开展具有较强的借鉴意义。

1. 理论与课程建设不足

（1）理论体系不够完善

新时代高校思想政治教育的理论体系相对滞后，尚未形成完整的理论框架。在涵盖马克思主义、中国特色社会主义理论、时代特征等方面，尚缺乏系统性和深度。特别是在对当代社会热点、前沿问题的理论解读上，亟须加强相关研究，使理论更具针对性和前瞻性。

（2）课程内容单一

高校思想政治教育课程内容存在单一化倾向，侧重于传统的马克思主义理论和党史教育，而忽视了对当代社会现实、国际形势的深入分析与讨论。这导致学生对于复杂多变的社会现实缺乏深刻的认识，无法灵活运用所学理论指导实践。

（3）课程体系缺乏多样性

思想政治教育课程体系缺乏多样性，过分依赖传统教学模式，缺乏创新和

活力。应当引入更多前沿课题和研究方法，如互动式教学、案例分析等，以丰富课程形式，提高教学质量。

2. 师资队伍建设不足

（1）师资结构不合理

目前高校思想政治教育师资队伍普遍存在结构不合理的问题，缺乏具有学科交叉、实践经验丰富的教师。大部分教师专业背景单一，缺乏对多学科知识的整合能力，难以满足复杂多样的教学需求。

（2）教师队伍素质参差不齐

高校思想政治教育师资队伍中，存在着教师素质参差不齐的情况。一些教师虽然具有较高的学术水平，但在教学实践中缺乏教学方法的创新和实践经验的积累，难以有效引导学生，影响了教学效果。

（3）培训机制不健全

高校思想政治教育师资队伍的培训机制相对不健全，缺乏系统性和连续性的培训计划。应该建立完善的培训机制，定期组织教师参加教学方法、课程设计等方面的培训，提升教师教学水平和能力。

3. 教育管理机制待完善

（1）管理体制不灵活

目前高校思想政治教育管理体制相对僵化，缺乏灵活性和适应性。教育管理机制应当更加开放，注重学校内外资源的整合，借鉴国际先进经验，促进思想政治教育的创新发展。

（2）评价机制不合理

目前高校思想政治教育的评价机制主要依据学生的学业成绩，而忽视了对学生思想政治素养的全面评价。应该建立多维度、多层次的评价体系，充分考量学生的思想政治表现、社会实践等方面，以促进学生全面发展。

（3）管理流程不透明

高校思想政治教育管理流程相对不透明，决策过程缺乏公开与透明。应该建立健全决策公开、信息公开的制度，增强教育管理的透明度和公信力，促进教育教学工作的科学决策和有效实施。

（二）新时代高校思想政治教育实践育人的问题成因分析

新时代高校思想政治教育实践育人的问题成因，是增强新时代高校思想政治教育实践育人实效性的逻辑起点。

1.认知有待深化

高校想政治教育实践育人面临的最大的问题就是高校对党和国家的教育方针落实不到位，其主要表现就是高校思想政治教育工作者在开展思想政治教育实践教育的过程中不注重科学理论指导，而是依赖于个人或者团体的经验运行，对高校思想政治教育实践育人的合理认知有待进一步深化。

首先，高校对理念落实不到位。少数高校在扭曲的育人理念下，办学模式逐渐功利化，盲目追求招生规模的扩大，忽略人才培养质量和就业质量，过于重视科学文化知识教育忽视道德品质和人文素养教育。部分高校没有深刻认识到进一步加强和改进大学生思想政治教育实践育人活动的深远意义和重要性，将其简单理解为大学教育的辅助手段，专门组织人力、物力和财力开展大学生思想政治教育实践活动并不十分必要，且思想政治教育实践育人一定不能占用教学资源，在空间、时间和物力资源上，思想政治教育实践育人要无条件的为课堂教学让步等。以上多方面因素导致高校缺乏对大学生思想政治教育实践育人的整体规划和系统的过程设计。

其次，教师对理念认知不全面。因高校对于思想政治教育实践育人的认知缺乏科学合理性，政策落实不到位，思想政治理论课教师相应的会在一定程度上忽视实践教学，例如不愿意花费时间和精力在思想政治理论课实践教学环节，主观上对于学习借鉴成功的实践教学案例不积极，导致思想政治理论课的理论教学与实践教学相脱节，思想政治理论课实践教学环节处于可有可无的地位，因此思想政治教育理论课实践教学环节自然而然不能充分发挥对学生的教育引导作用。由此可见，在进一步加强和改进大学生思想政治教育实践育人工作的过程中，我们忽视了对思想政治教育工作者本身的教育改造。

最后，学生对理念认知不理性。经济全球化、网络信息化、文化多元化等为高校思想政治教育工作带来了新的机遇和挑战，在此影响下，大学生的思想独立性、选择的自主性显著增强，而相应的对于道德品质、责任意识、政治观念等方面的重视程度有所下降，甚至在传统价值观念遭到冲击的影响下，对于思想素质、道德品质方面的固有积极认知正在被逐步地消解。受传统观念或者是就业形势的影响，学生更加只注重专业知识的学习，忽略对于道德品质的提升，加之学生自身对思想政治教育实践育人的重要性缺少清晰的认知，导致部分学生对规范性引导的教育内容产生反感情绪，在主观意愿上不愿意积极参加实践育人活动，甚至会逐渐开始"走场不走心""人在心不在"，长此以往就导致了社会实践等实践教育活动的流于形式，效果甚微。

2. 动力来源有限

高校实践育人活动的内容存在供需矛盾，使得大学生的多样性需要难以被充分满足，在活动参与时大学生通常表现为参与度不高的情况。因为大学生的动力来源尚未为完全补充完整，因此大学生通常表现出参与度不高或积极于某些类型的实践活动中。

3. 协同有待加强

协同育人是一项涉及全社会的重要任务，对于中华民族伟大复兴具有关键性的意义。然而，当前实践育人在高校内外协同合作方面存在一系列问题。首先，高校内部缺乏形成完整的育人合力。一些高校部门和教师仍然将育人责任局限于思政课教师和辅导员，导致对实践育人力量的消解。这种局面表现在实践教育活动与专业课程的冲突、实践教育活动无法获得足够的资源支持等方面。此外，实践育人工作者的数量不足，导致实践育人活动缺乏固定场所和经费支持。其次，社会各界尚未形成有效的育人合力。家庭教育长期受到"唯分数、唯学历、唯升学"的影响，缺乏对学生综合能力的培养和重视。用人单位更注重毕业生的业务能力和学历专业标准，而对道德品质等方面的要求不明确，从而对在校生产生误导。社会整体对人才培养将其视为学校的任务，缺乏对全社会育人的自觉意识，对实践育人基地的建设、实践育人活动的协调等方面的支持不足。因此，高校及社会其他部门应加强沟通协调，形成育人合力，共同推动实践育人工作的开展。这需要高校内部各部门和教师共同承担实践育人的主体责任，优化资源配置，提供必要的支持和保障；同时，社会各界应加强对育人工作的理解与支持，积极参与实践育人活动，共同培养具有综合素质的高素质人才，为中华民族伟大复兴提供坚实的人才支撑。

4. 保障有待健全

思想政治教育实践育人作为思想政治教育的重要组成部分，是个长期性、系统性的复杂工程，理应被纳入思想政治教育工作的整体规划布局中去，在长远规划的基础上产生一系列运转高校的保障机制。但实际上，目前许多高校尚存在保障机制不健全导致思想政治教育实践育人效果不理想的现象，这些保障机制包括组织领导机制、制度运行机制等。

思想政治教育实践育人作为一项复杂的系统性工程，不仅需要高校各部门的广泛参与，还需要社会、家庭和学校主管领导的高度重视和积极配合，建立高效的领导机制和组织机制，能够为思想政治教育实践育人提供强大的组织保障。实践育人的教育者即实施主体包括政府及主管部门、高校及教师，其中教育主管部门作为顶层设计但并不直接参与的教育主体，承担着制定规范和制度的重要作用。高校是大学生思想政治教育实践育人的实施主体，在实践活动中承担组织领导、制度设计和统筹协调的职能和任务，但事实上，部分高校对于思想政治教育实践育人还存在缺少重视的现实情况，比如存在高校党委管理并组织实施学生的思想政治教育工作，而并非由校长或校领导直接予以管理，学校行政部门只负责抓教学和科研等业务工作。

适当合理的激励手段有利于价值目标的实现，虽然激励效果并非单单是靠某种激励手段所能达到的，但毫无疑问预期的激励效果需要多种激励手段配合实现，各手段有序配合，协同发力，才能实现激励效果的最大化。当前高校在大学生思想政治教育实践育人工作中，采用的激励手段和激励方式都在一定程度上存在手段单一化、方法片面化的情况，具体表现在思想政治教育实践育人过程中并未将激励手段与行政手段和经济手段等其他手段结合起来，仅单纯地进行外部激励；甚至部分激励手段未结合学生的实际情况开展思想政治教育工作，激励手段的选取和采用仅停留在外在物质上的刺激，而忽略了精神等内在的价值鼓励，大部分鼓励措施并不能将外在激励理想地转化为内在的自我激励等，但对事物的发展起决定作用的一定是内部矛盾，因此思想政治教育实践育人实效性不佳。

思想政治教育实践育人工作的正常运转需要有配套的保障机制，但目前高校思想政治教育实践育人运行工作中尚存一些问题，如在图书馆、资料室和期刊室，相关资料更新不及时，资料数量较少和种类较少等，限于经费等原因也缺少固定的思想政治教育工作场所，阻碍了高校大学生思想政治教育实践育人工作的开展和实效性提升。

第四节　高校思政教育的发展趋势

一、科技创新与思政教育的深度融合

（一）信息技术在思政教育中的应用

1. 网络教学平台的建设

（1）平台功能与特点

构建完善的网络教学平台，不仅提供在线课程、网络资源库、讨论论坛等基本功能，还应具备交互式学习、个性化学习路径设计、学习成果评价等特点。这样的平台能够为学生提供便捷的学习环境，方便他们随时随地获取思政教育内容，并与教师和同学进行互动交流。

（2）学习资源的丰富性

网络教学平台应当拥有丰富多样的学习资源，包括视频课程、电子书籍、学术论文、案例分析等，以满足学生多样化的学习需求。同时，平台还应支持教师上传、分享和管理教学资源，促进教学资源的共享和交流。

2. 多媒体教学工具的运用

（1）生动形象的教学内容设计

利用多媒体技术，设计生动、形象的教学内容，提升思政教育的趣味性和吸引力。通过精美的图片、动画、视频等多种形式，将抽象的思政理论转化为具体形象，激发学生的学习兴趣，提高他们对思政教育内容的理解和记忆。

（2）互动性教学活动设计

利用多媒体教学工具，设计丰富多样的教学活动，如在线测验、互动游戏、虚拟实验等，增加学生参与课堂的互动性和趣味性。这样的教学活动能够促进学生思考和讨论，培养其批判性思维和创新能力。

3. 虚拟现实技术的应用

（1）虚拟场景的创设与体验

借助虚拟现实技术，创设各种虚拟场景，使学生沉浸其中，亲身体验思政教育内容。例如，利用虚拟实境技术模拟历史事件、伦理道德情境等，让学生在虚拟环境中进行互动和体验，增强对思政教育内容的理解和感受。

（2）虚拟实验与案例分析

通过虚拟实验和案例分析，让学生在虚拟环境中进行实践性学习。例如，利用虚拟实验室模拟社会调查、心理测试等活动，让学生在虚拟环境中进行实践操作，提高其问题解决能力和实践能力。

（二）人工智能在思政教育中的应用

1.智能化教学系统的建设

（1）系统功能与特点

智能化教学系统应当具备智能推荐学习资源、个性化辅导学生等功能。系统能根据学生的学习情况、学习偏好和知识水平，智能地为其推荐适合的学习资源和学习路径，提供个性化的学习方案。

（2）定制化学习方案的设计

通过智能化教学系统，学生可以根据自身需求和兴趣选择适合的学习方案，并在系统的智能引导下进行学习。这样的系统可以帮助学生更加高效地掌握思政教育内容，提升学习效果。

（3）学习过程的跟踪与反馈

智能化教学系统能够对学生的学习过程进行实时跟踪和监测，分析学生的学习情况并给出针对性地反馈和建议。通过系统的智能辅导，帮助学生解决学习中遇到的问题，提高学习效率。

2.智能化评价系统的应用

（1）实时监测学生学习情况

智能化评价系统可以实时监测学生的学习情况，包括学习进度、学习时间、学习行为等方面的数据。通过对这些数据的分析，系统可以了解学生的学习状态和学习习惯，为教师提供有针对性的参考。

（2）个性化反馈与指导

基于学生学习情况的分析，智能化评价系统可以为教师提供个性化的反馈和指导。系统可以根据学生的学习表现，及时给出针对性的建议和指导，帮助教师更好地了解学生的学习需求，调整教学策略。

（3）教学效果的评估与改进

智能化评价系统还可以对教学效果进行评估和分析，帮助教师了解教学的实际效果，并及时调整教学方法和内容，提高教学质量。通过系统地反馈和评估，不断改进教学实践，提升思政教育的教学效果和实效性。

（三）大数据在思政教育中的应用

1. 数据分析与个性化教学

（1）数据收集与分析

利用大数据技术收集学生的学习行为数据，包括学习时间、学习进度、偏好等信息。通过数据分析技术对这些数据进行深入分析，深入了解学生的学习特点和需求。

（2）个性化建议与指导

基于数据分析的结果，为每个学生提供个性化的学习建议和指导。根据学生的学习情况和需求，推荐适合的学习资源、学习路径，帮助学生更加有效地学习思政教育内容。

（3）教学设计与优化

通过数据分析，教师可以更好地了解学生的学习需求，针对性地设计教学内容和教学方法，优化教学方案。这样的个性化教学设计能够提高教学的针对性和实效性，促进学生的学习进步。

2. 数据驱动的教学决策

（1）发现教学问题与挑战

通过大数据分析，及时发现教学中存在的问题和挑战，如学生学习兴趣下降、学习效率低下等情况。这样的发现有助于教师及早采取措施，防止问题进一步恶化。

（2）优化课程设置与教学方案

基于数据分析的结果，教师可以针对性地调整课程设置和教学方案，以提升教学效果。通过优化教学内容和教学方法，满足学生的学习需求，提高学生的学习兴趣和参与度。

（3）提升教学效果与质量

数据驱动的教学决策是信息技术在高校思政教育中的重要应用之一，它有助于提升教学效果和质量。通过收集、分析和利用学生的学习数据，教育机构可以更科学地制定教学策略，优化教学过程，从而实现教学效果和质量的提升。

第一，数据驱动的教学决策可以帮助教师更好地了解学生的学习需求和特点。通过分析学生的学习数据，教师可以了解到学生的学习水平、学习兴趣、学习习惯等信息，有针对性地调整教学内容和方法，更好地满足学生的学习需求。例如，对于某些学生可能存在的学习困难或缺陷，教师可以通过分析其学习数据，有针对性地进行个性化辅导和指导，帮助他们克服学习障碍，提高学习效果。

第二，数据驱动的教学决策可以优化教学过程，提升教学效率和效果。通过分析学生的学习数据，教师可以了解到学生在学习过程中的表现和进度，及时发现和解决教学中的问题和难点，调整教学内容和方法，提高教学的针对性和有效性。例如，对于某些教学内容可能存在的难点或易混淆点，教师可以通过分析学生的学习数据，有针对性地加强相关教学环节，提供更多的辅导和讲解，帮助学生更好地掌握知识，提高学习效果。

第三，数据驱动的教学决策还可以促进学生全面发展。通过分析学生的学习数据，教师可以了解到学生在学习过程中的优势和劣势，有针对性地开展个性化的教育和培养，促进学生全面发展。例如，对于某些学生可能存在的学习兴趣或特长，教师可以通过分析其学习数据，有针对性地开展相关的教育活动或课外拓展，引导学生发挥自己的优势，全面发展自身素质。

二、社会需求与思政教育的变革与创新

（一）社会问题与思政教育内容的更新

1.社会问题的新变化

利用大数据技术对学生的学习行为和反馈数据进行分析，已成为现代教育领域的一项重要趋势。通过收集和分析学生的学习数据，可以深入了解他们的学习特点、学习习惯以及学习需求。这些数据可能包括学生的学习时间、学习进度、学习方式偏好、知识点掌握情况等多方面信息。通过对这些数据进行深度挖掘和分析，教育者可以获得关于学生学习行为和学习状态的全面了解。

基于学生学习数据的分析结果，教育者可以为每个学生提供个性化的学习建议和指导。通过了解学生的学习特点和需求，可以为他们量身定制适合的学

习计划和学习路径。例如，对于学习进度较快的学生，可以提供更多挑战性的学习内容或扩展阅读材料；而对于学习进度较慢的学生，则可以提供更加详细的辅导和指导，帮助他们克服学习障碍，提高学习效率。

此外，数据分析还可以帮助教育者更好地了解学生的学习偏好和学习方式。通过分析学生在不同学习环境下的表现，可以确定哪种教学方法和教学资源对于不同类型的学生更有效。比如，一些学生可能更适合通过视觉方式学习，而另一些学生可能更偏好通过听觉方式学习。通过针对性地选择教学方式和教学资源，可以提高学生的学习兴趣和参与度。

另外，数据分析还可以帮助教育者发现学生的学习困难和问题。通过分析学生的学习表现和学习行为数据，可以及时发现学习中存在的问题和挑战。比如，某些学生可能在特定知识点上表现较差，需要额外的辅导和指导；而另一些学生可能在学习过程中遇到了困惑，需要更详细地解释和讲解。通过发现并解决这些问题，可以提高学生的学习效果和学习成绩。

2. 思政教育内容的更新需求

为了应对不断变化的社会和时代需求，思政教育的内容需要不断更新和调整。这种更新的需求源于对学生全面发展和社会责任感培养的追求。随着社会的发展和变革，新的社会问题和挑战不断涌现，例如可持续发展、社会公正、环境保护等议题成为社会关注的焦点。因此，思政教育需要及时引入这些新的话题和议题，使其与时俱进，更加紧密地贴合社会需求。

其中，可持续发展是一个十分重要的议题。随着经济的不断发展和人口的持续增长，全球资源的有限性和环境的脆弱性已经成为不可忽视的问题。思政教育应该引导学生认识到可持续发展的重要性，促使他们树立起环境保护和资源节约的意识，以及对未来世代的责任感。通过学习可持续发展的理念和实践，学生可以更好地了解全球性问题的复杂性，培养创新思维和解决问题的能力。

另外，社会公正也是一个备受关注的议题。在当今社会，贫富差距扩大、社会阶层固化等问题日益突出，需要引导学生关注社会不平等现象，并思考解决之道。思政教育可以通过引入社会公正的相关理论和案例，启发学生关注社会公平与正义的重要性，激发他们参与社会改革和促进社会公正的热情。这有助于培养学生的社会责任感和公民意识，推动社会的公平发展和稳定。

（二）实践教学与思政教育的结合

1. 需要强调的实践经验

传统的课堂教学往往难以满足学生对实践经验的迫切需求，而将实践教学与思政教育相结合则成为必然选择。这种结合不仅可以为学生提供更加贴近实际的学习体验，还能够促进他们的全面发展，培养出更具社会责任感和实践能力的新时代公民。

在实践教学与思政教育相结合的过程中，社会实践扮演了重要的角色。通过参与社会实践活动，学生有机会亲身接触社会现实，深入了解社会问题和挑战。例如，他们可以参与到环保组织的志愿活动中，亲手实践环保行动，感受到环境保护的重要性；或者参与到社区服务项目中，关心弱势群体，提升自身的社会责任感。这样的实践经历不仅可以丰富学生的阅历，还能够培养他们的团队合作精神和领导能力，从而更好地应对未来社会的挑战。

另外，志愿服务也是实践教学与思政教育相结合的重要方式之一。通过参与志愿服务活动，学生可以从实践中感受到帮助他人的快乐和成就感，进而树立起积极向上的人生观和价值观。例如，他们可以参与到扶贫帮困活动中，为贫困地区的孩子们送去温暖和希望；或者参与到环保组织的志愿活动中，积极参与环境保护工作，为地球的可持续发展贡献自己的一份力量。这样的志愿服务经历能够培养学生的社会责任感和公民意识，使他们成为具有社会担当的新时代好青年。

实践性课程也是将实践教学与思政教育相结合的重要途径之一。通过设计具有实践性的课程内容和教学活动，可以让学生在实践中学习，提高问题解决能力和实践能力。例如，学生可以参与到模拟法庭活动中，扮演不同角色，学习法律知识和法律实践技能；或者参与到社会调研项目中，深入社会调查和研究，锻炼自己的调查分析能力和团队合作能力。这样的实践性课程能够帮助学生将理论知识与实际情况相结合，促进知行合一，提高学生的综合素质和能力水平。

2. 实践教学的重要性

实践教学在当今教育领域中扮演着至关重要的角色，其重要性体现在多个方面。

　　第一，通过亲身参与社会实践活动，学生得以将抽象的理论知识与实际情境相结合，从而更加深入地理解和应用所学内容。这种实践性学习不仅有助于巩固学生的知识储备，还能够激发他们对学科的兴趣，提高学习的积极性和主动性。

　　第二，实践教学能够培养学生的批判性思维和创新能力。在实践过程中，学生需要面对各种实际问题和挑战，需要运用所学知识和技能进行分析、解决问题。这种思维方式不仅要求学生具备批判性思维，还需要他们具备创新意识和解决问题的能力。通过实践教学，学生可以锻炼这些重要的思维能力，为其未来的学习和工作打下坚实的基础。

　　第三，实践教学还有助于提高学生的综合素质。在实践过程中，学生需要与他人合作，解决实际问题，培养团队合作能力和沟通能力。同时，实践教学也能够锻炼学生的自我管理能力和解决问题的能力，使他们具备独立思考和自主学习的能力。这种全面的素质培养有助于学生更好地适应未来的社会和职业发展。

　　第四，将实践教学与思政教育相结合，能够使学生更加深入地理解和领会思政教育的理念和内涵。思政教育旨在培养学生的社会责任感、公民意识和道德品质，通过实践教学，学生可以亲身体验社会责任的重要性，加深对社会问题的认识和理解，从而更好地践行思政教育的目标和理念。

第三章　信息技术在高校思政教育中的作用

第一节　信息技术在教学中的优势

一、信息技术的主要概念

（一）信息技术的基本内涵

信息技术（Information Technology，简称 IT）是指运用计算机、通信设备和软件等现代信息工具，对信息进行获取、传输、存储、处理和应用的一系列技术和方法的总称。

1. 信息的处理与传输

信息技术的核心任务之一是对信息进行处理和传输。信息处理包括对数据的收集、整理、分析、加工和计算等过程，以及将处理后的信息传输到需要的地方。这一过程涉及硬件设备（如计算机）、软件应用（如数据库管理系统、数据分析工具）以及通信网络等方面的技术和方法。

2. 计算机技术的应用

计算机技术是信息技术的核心组成部分，它通过计算机硬件和软件的运行，实现对信息的处理和管理。计算机技术涉及计算机体系结构、操作系统、数据库管理、编程语言等方面的知识和技能。通过计算机技术，信息可以被快速、准确地处理和传输，从而提高了信息处理的效率和质量。

3. 通信技术的应用

通信技术是信息技术中至关重要的一部分，它涵盖了数据通信、网络技术等方面。通信技术通过各种通信设备和网络设施，实现了信息在不同地点之间的传输和交换。例如，互联网、局域网、无线通信技术等都是通信技术的重要应用，它们使得人们可以随时随地获取和分享信息。

（二）信息技术的特征分析

信息技术具有以下几个显著的特征：

1.快速更新迭代

信息技术的发展速度非常快，新的技术和方法不断涌现，而且其更新迭代的速度也在不断加快。例如，计算机硬件的性能不断提升，软件应用的功能不断丰富，网络技术的速度不断加快等。这意味着从业人员需要不断学习和更新知识，以跟上技术的发展，并且及时适应新技术的应用。

2.广泛应用领域

信息技术已经渗透到各个行业和领域，几乎所有的组织和个人都需要使用信息技术来处理和管理信息。例如，在工业领域，信息技术被应用于生产流程控制、自动化设备监控等方面；在金融领域，信息技术被应用于金融交易、风险管理等方面；在医疗领域，信息技术被应用于医疗信息系统、电子病历管理等方面。因此，信息技术的应用范围非常广泛，几乎无所不在。

3.数字化处理

信息技术主要是对数字化信息进行处理，这意味着信息需要以数字的形式存在和传输。数字化信息具有高效、精确、可复制、易传播等特点，因此更适用于信息技术的处理和管理。例如，计算机系统对数字化数据的处理速度更快，网络传输数字化信息更加稳定快速，数字化文档可以方便地进行存储、检索和分享。因此，信息技术更适用于数字化信息的处理和管理，而对于非数字化信息的处理能力相对有限。

二、信息化代高校思政教育的优势分析

（一）信息技术助力促进思想政治教育主体职能的转换

在当今信息技术时代，思想政治教育面临着新的挑战和机遇。信息技术的快速发展为思政教育提供了前所未有的机遇，同时也提出了新的要求和挑战。如何充分利用信息技术，促进思政教育主体职能的转换，成为当前教育领域亟待解决的问题之一。

一方面，随着自主学习网络平台、自动化评价管理系统、智慧老师管理系

统等技术的不断发展，思想政治教育正在向着"智慧化"的目标迅速发展。这种发展趋势不仅为教师提供了更多的便利和支持，也为学生的学习提供了更多的可能性和选择。智能教师助理的出现为思政教育带来了新的变革。智能教师助理可以通过信息技术对海量的思想政治教育资源进行分类整合，协助教育者进行针对性地教学设计，为教师留出更多空闲时间和精力从事生产创造性事业。例如，智能教师助理可以通过对学生的基本信息、行为轨迹、思维特征等进行多维度的数据分析，从而为教师提供个性化的教学建议和指导，帮助教师更好地了解学生的学习状态和需求，进而调整教学策略，提高教学效果。另外，智能教师助理还可以根据学生的学习情况，智能化地推荐学习资源和课程，提供个性化的学习体验，从而满足不同学生的学习需求，提高学习积极性和效果。

另一方面，信息技术的发展也为学生实现个性化学习、打造精准思政教育提供了可能。传统教育模式下，思想政治教育者往往无法对每一位学生的思想行为状况进行全面的、针对性的了解，只能粗略地对学生有一个大致的印象。而随着信息技术的发展，思想政治教育者可以借助智能教师助理收集和分析学生的思想和行为数据，从而更准确地了解学生的学习状态和需求，制定更加个性化的教学方案，提供更加精准的思政教育。例如，智能教师助理可以通过多维度多角度的数据分析，推演描摹学生的个性化特征，智能化地推荐满足学生个性特征发展和实现自我需求的学习内容，从而提高学生的学习积极性和效果。此外，智能教师助理还可以根据学生的学习情况，智能化地推荐学习资源和课程，提供个性化的学习体验，从而满足不同学生的学习需求，提高学习积极性和效果。

信息技术的发展为思想政治教育提供了新的发展机遇和挑战，智能教师助理的出现为教育者和学生提供了更多的可能性和选择。只有充分利用信息技术，加强教育者与学生之间的交流和互动，才能促进思想政治教育主体职能的转换，推动思政教育的不断发展。

（二）人机协同开启思想政治教育主客体交互新模式

在当今信息技术时代，思想政治教育面临着新的挑战和机遇。传统的思想政治教育模式往往是以教师为中心，采用单向的知识灌输方式进行教学，这种模式存在着信息传递效率低、教学内容单一、师生互动不足等问题，难以满足学生个性化、多样化的学习需求。因此，人机协同模式的提出和应用成为当前思想政治教育领域的热点问题之一。

第一，人机协同模式能够促进思想政治教育主客体之间的有效互动。传统的思想政治教育模式往往是教师单向向学生传授知识和思想观念，而学生的反馈和参与程度有限。在信息技术时代，随着智能机器助理的发展和应用，教师可以借助信息技术机器收集学生的学习行为和思想动态，实时了解学生的学习状态和需求，从而针对性地开展教学活动。例如，智能机器助理可以通过分析学生的学习行为和思想动态，为教师提供个性化的教学建议和指导，帮助教师更好地了解学生的学习需求，进而调整教学策略，提高教学效果。同时，学生也可以借助信息技术机器随时随地获取最新的教育资源，实现与教师的双向互动，促进教学主体之间的交流与合作。

第二，人机协同模式能够实现情感教学的精准化。传统的思想政治教育模式往往忽视了教育主体的情感需求，教学过程缺乏情感投入和情感交流。在信息技术时代，借助情感计算识别系统等技术，教师可以更加准确地识别和捕捉学生的情感需求和思想变化，从而开展更加精准的情感教学。例如，情感计算识别系统可以通过对学生的情感数据进行分析，帮助教师了解学生的情感状态和需求，为教师提供个性化的情感教育引导方案，从而增强师生之间的情感交流和理解，提高教学的情感吸引力和感染力。

第三，人机协同模式能够实现教育教学的个性化。传统的思想政治教育模式往往采用一刀切的教学方式，无法满足不同学生的个性化学习需求。在信息技术时代，智能机器助理可以通过对学生的学习行为和思想动态进行分析，为教师提供个性化的教学建议和指导，帮助教师更好地了解学生的学习需求，进而调整教学策略，提高教学的针对性和有效性。同时，学生也可以根据自身的学习需求和兴趣特点，选择适合自己的学习资源和教学方式，实现个性化学习，从而提高学习的主动性和积极性。

（三）数据强算力增强思想政治教育的精准性

信息技术的强算力技术为思想政治教育的精准性提供了新的可能性。随着信息技术的不断发展，强大的算力和智能化技术逐渐成为思政教育领域的利器。这一趋势不仅为教育者提供了更加精准的数据支持，也为个性化、精准化的教

学提供了更多的可能性。

1. 数据化视角的转变

数据化视角的转变标志着思想政治教育进入了一个全新的发展阶段。传统的思想政治教育往往依赖于教师的主观经验和直觉，这种教学方式存在着一定的局限性，无法全面、客观地了解学生的学习状态和思想动态。然而，随着信息技术的发展和应用，特别是强算力技术的涌现，教育者可以将教育对象的思想行为视作数据，从而实现了教育观念的根本转变。

这种数据化的视角转变为思想政治教育带来了许多新的机遇和挑战。

第一，通过数据化的方法，教育者可以更加客观、全面地了解学生的学习状态和思想动态。例如，教育者可以利用学生的学习记录、测试成绩、课堂表现等数据，分析学生的学习习惯、偏好和能力水平，从而更加准确地评估学生的学习情况，并根据实际情况制定个性化的教学方案。

第二，数据化视角的转变也为教育者提供了更多的数据分析工具和方法。随着大数据分析、数据挖掘等技术的不断发展，教育者可以利用这些工具和方法对海量的数据进行深入挖掘和分析，发现其中的规律和趋势，为教学提供科学的依据和指导。例如，教育者可以通过分析学生的学习行为数据，发现学生的学习偏好和行为模式，从而更好地引导学生，提高教学效果。

第三，数据化视角的转变也为思想政治教育带来了更广阔的发展空间。通过数据化的方法，教育者可以更加深入地了解学生的思想动态和行为特点，发现其中的规律和趋势，为思想政治教育的改革和创新提供有力支持。例如，教育者可以通过分析学生的社交媒体数据和网络行为数据，了解学生的思想动态和价值取向，从而更好地引导学生，培养其正确的思想意识和核心价值观。

2. 个性化教育的实现

个性化教育的实现是当前教育领域的一个重要趋势，而信息技术的强算力技术为这一趋势的实现提供了有效途径。个性化教育的核心理念是根据学生的个性特点和学习需求，量身定制教育方案，以达到更好的教学效果和学习体验。强算力技术通过大数据分析、机器学习和人工智能等手段，可以对学生的行为数据进行深入挖掘和分析，从而为个性化教育提供技术支持。

第一，强算力技术可以通过对学生学习行为的数据分析，了解其学习偏好和学习风格。例如，智能教育系统可以通过分析学生在学习过程中的行为数据，如学习时间、学习速度、答题准确率等，了解学生的学习习惯和喜好，从而为其推荐符合其学习风格的教学资源和学习内容。比如，对于喜欢视觉学习的学生，可以推荐图文并茂的学习资料；而对于喜欢听觉学习的学生，则可以推荐相关的音频课程或讲座。

第二，强算力技术可以根据学生的学习需求和能力水平，量身定制个性化的学习路径和教育方案。通过分析学生的学习数据和知识水平，智能教育系统可以为学生制定个性化的学习计划，包括学习目标、学习内容、学习进度等，从而帮助学生更加有效地学习和提高学习效率。例如，针对不同水平的学生，可以设置不同难度的学习任务和测验，以满足其个性化的学习需求和能力提升。

第三，强算力技术可以实现个性化的教学和精准的辅导。智能教育系统可以根据学生的学习数据和知识水平，为其提供个性化的教学指导和辅导建议。通过分析学生在学习过程中的表现和反馈，系统可以发现学生的学习困难和问题，并给予针对性的解决方案和帮助。例如，针对学生在某一学科的薄弱环节，系统可以推荐相关的学习资源和辅导材料，帮助学生提高学习效果和成绩。

3. 教学策略的优化

信息技术的强算力技术为思想政治教育提供了优化教学策略的可能性，这一优势在教学过程的监控与分析、问题发现与解决，以及教学过程优化等方面都具有重要意义。

第一，通过教学过程的监控与分析，教育者可以全面、深入地了解教学的实际情况。传统的教学模式往往依赖于教师的主观经验和直觉，难以客观地评估教学效果。而借助信息技术的强算力技术，教育者可以对教学过程进行实时的数据监控和分析，包括学生的学习状态、反馈情况，以及教学资源的使用情况等。通过对这些数据的分析，教育者可以及时发现教学中存在的问题和不足，为教学的改进提供科学依据。例如，智能教育系统可以实时记录学生在课堂上的反应和表现，包括对问题的回答、参与讨论的程度，以及课堂笔记的记录等。通过对这些数据的分析，教育者可以了解学生的学习情况和反馈，及时发现学生的学习困难和问题，并针对性地进行教学调整和优化。

第二，信息技术的强算力技术可以帮助教育者及时发现教学中存在的问题，并加以解决。在传统的教学模式下，教育者往往需要依靠学生的反馈和自己的主观判断来发现教学中存在的问题，这种方式往往不够及时和全面。而借助信息技术的强算力技术，教育者可以通过对学生学习行为和教学过程的数据分析，及时发现教学中存在的问题和障碍，并加以解决。例如，智能教育系统可以对学生在学习过程中的表现和反馈进行实时监控和分析，发现学生在学习某一知识点时出现的困难和错误。教育者可以根据这些数据，及时调整教学策略和方法，针对性地进行教学辅导，帮助学生克服困难，提高学习效果。

第三，信息技术的强算力技术可以帮助教育者优化教学过程，提升教学效果。在传统的教学模式下，教育者往往需要依靠自己的经验和直觉来进行教学策略的选择和调整，这种方式往往不够科学和系统。而借助信息技术的强算力技术，教育者可以通过对教学过程和学生学习行为的数据分析，科学地评估教学效果，优化教学策略，提升教学效果。例如，智能教育系统可以根据学生的学习数据和反馈情况，自动生成个性化的学习路径和教学方案，为教育者提供科学的教学建议和指导。教育者可以根据这些数据，及时调整教学策略和方法，针对性地进行教学改进，提高教学效果。

第二节　信息技术在思政教育中的应用现状

一、数据思政

以数据和技术为基础的信息技术时代正逐步到来。通过数据分析，我们可以解释世界生存和发展的规律。传统技术和理论在解释生存原则时存在许多不确定性，它们虽然解决了许多历史问题。但随着技术的发展，人们发现，理论原理的推导和规则的解释，不能深刻地理解世界的社会的发展。只有在现实世界基础上实现数据处理，形成数据痕迹的可视化，我们可以分析事物背后的规律，才能更好地引导人们的行为改变世界。

第一，信息技术的快速发展推动了思想政治教育智能化形式愈加明显。教育者和教育对象的生活、学习和交流是以数字形式呈现出来的，要实现数字化，就要将生活中的现象转化为可以运用具体形式呈现，进行列表化和深层分析的透明量化形式，便可以掌握同一个体产生的不同行为、不同个体产生的同一行为信息之间的关系。对于高校的思想政治教育发展来说，这无疑是一笔巨大的"财富"。信息技术可以促进数据思政实践形态的形成和发展，能够使其在系统地分析数据资源的基础上提取数据背后隐藏的价值信息，然后再建立数据库，建设思想政治教育资源中心。从数据库中转移相应的数据资源以执行相关工作。整个过程需要在信息技术的指导下运行，这为思想政治教育的智能化和人机交互的发展模式提供了可能。

第二，在高校思想政治教育对象的认知方面，实现自动化、智能化和综合化的获取思想政治教育主客体信息成为可能，这为高校思想政治教育工作者从整体上重新认识和分析教育对象带来了新的发展机遇。各种随身携带的智能化设备已普及应用。无论是运动、学习还是旅游，生活中很多方面都逐步实现了数字化和智能化的变革。人们的行为数据被智能设备存储和分析，这为进一步突破传统的单一、固化的认知模式，依靠海量数据和信息对受教育者采取更加个性化、多样化的教育方法提供了可能。

第三，思想政治教育教学内容的呈现更具个性化。传统思想政治教育所呈现的教育内容要求具有标准性和规范性，这往往会导致过于政治化、程序化和统一化，易脱离了学生的个人实际需求。信息技术的赋能，使得思想政治教育资源得到更大程度的运用，优势得到进一步发挥，思想政治教育逐步产生的技术属性更加符合当代社会发展的需要和高校学生成长的特点，为满足思想政治教育主客体的新需求和新特点提供了丰富的信息资源和技术手段。

二、精准思政

随着时代的演进和社会结构的不断变迁，高校学生的性格与思维方式呈现出日益个性化的特征，这在一定程度上挑战了传统思想政治教育的教学模式和理念。传统的思想政治教育主要依托于课堂教学，但随着学生的需求和特点变化，单一的教学模式已难以满足不同学生的知识接受能力和心理发展需求，更谈不上精准针对学生的性格特点进行教学。在这一背景下，高校思想政治教育借助信息技术的发展趋势，开始朝着精准化方向发展。

精准思政教育的核心理念在于基于大数据、信息技术等现代技术的介入，实现个性化教育的目标。这一教育理念的实施包括多个方面：首先，通过信息技术的智能感知和数据挖掘技术，思想政治教育者可以对学生的学习情况和思想发展特点进行全面分析,从而制定个性化的教育计划和方案。其次,借助信息技术的强算力,可以实现全样本调查,从而更加全面、可靠地获取和处理学生的个性化信息。这些信息不仅包括学生的成长历程、教育背景、兴趣爱好等基本信息,还包括其意识形态趋势、行为方向和价值取向等更深层次的数据。最后,通过对这些数据的分析,可以实现精准个性化的教育,激发学生的创新学习能力,促进其全面发展。

精准思政教育的实施过程中,信息技术的发展发挥着关键作用。大数据和强算力技术使思想政治教育教学能够更加精准地识别不同学生的学习环境和特点,从而为他们提供个性化、多样化的教学形式。通过实时跟踪、分析和判断学生的思想政治状况,教育者可以更好地理解学生的需求,从而制定针对性更强的教学计划和方案。这种精准个性化的教育模式不仅有助于提升教育教学的效果,还有助于培养更加适应时代要求的高素质人才。

因此,精准思政教育不仅是对传统思想政治教育模式的升级,也是教育教学领域自身发展的必然选择。通过充分利用信息技术的优势,实现个性化、多样化的教育目标,将有助于提高高校思想政治教育的质量和水平,推动学生的全面发展。

三、虚拟思政

信息技术的发展助力高校思想政治教育实现虚拟化社交教学。人们的交往方式由传统的封闭空间交往转向跨越时空限制的虚拟化交往,借助信息技术逐步打造纵横交错的虚拟空间实现虚拟化社会交往。新一代信息技术已成为重塑高等教育形态的新动能,以实体教研室为基础,融合开放互联、虚实融通、资源共享特点的虚拟教研室逐步开始在各高校推广。2023年3月,教育部首批虚拟教研室建设试点"教育学辅修专业课程群虚拟教研室"的建设提上日程,虚拟教研室是现在信息技术背景下对基层教学组织的新探索,是信息技术时代高等教育体系的新基建,虚拟教研室的建设必将成为一个示范引领的模范教研室。

移动互联网的虚拟通信技术逐步渗透到人们的生活中。它提供了打破时间、空间和身份限制的可能性,最大限度地满足虚拟网络空间中人们的交往需求。信息技术是一种基于大数据记忆和云算法的深度学习技能的技术,具有"拟人化"特征,模拟人的深层神经网络功能,实现万物互联的场域自由转换,深刻改变人们的思维过程和价值构成范式，改变高校思想政治教育融合发展的理论和技术架构，改变人类产生生活方式甚至改变社会结构。

信息技术的发展为构建"思政＋AI（人工智能）"生态场域提供了可能。信息技术基于深度学习技术的自然语言系统，有机会参与到人际交往的场景对话中，抓取对话信息的重点，以强算力技术进行深层次计算，匹配最合适的思想政治教育智慧生态场域。近年来，随着信息技术的逐步发展，MR（混合现实）技术、AR（增强现实）技术、VR（虚拟现实）技术，现实与虚拟相结合的仿真技术有了更广阔的市场。在信息技术时代，高校思想政治教育也可以利用虚拟仿真技术构建虚拟的思想政治教育，即通过虚拟仿真技术呈现主体和客体、教学内容、教育资源、教学环境等，以虚拟模拟的形式，为学习者创造更直观、更多样、更丰富的学习场景，增强思想政治教育的吸引力和有效性。

同时，随着智能全息投影技术的发展，受教育者可以随身携带智能教育终端，随时随地搭建虚拟思政课堂，自主选择上课时间和地点，在基于现实的虚拟模拟课堂上学习相关理论和知识。借助信息技术，我们可以创建一个沉浸式虚拟学习情境，它可以采集使用者的学习流程信息，进行理性的评估和反馈。此外，这个学习环境还能模拟一些人际化的互动，打造一个智能学习空间。

第三节　信息技术对高校思政教育的影响

一、学习方式与教学模式的转变

（一）学习方式的转变

信息技术的迅速发展引领了高校思政教育学习方式的革新。传统的面对面授课模式逐渐被新兴的在线学习方式所取代。这种转变带来了多方面的影响。

1. 学生的学习空间和时间得到了极大的拓展

通过网络平台，学生的学习空间和时间得到了极大的拓展。传统的课堂教学常常受限于时间和地点，学生需要在固定的时间到指定的地点上课，这种固定性给学生的学习带来了一定的局限性。然而，随着信息技术的发展，网络平台的出现使得学习不再受到时间和地点的束缚。

学生可以在任何时间、任何地点通过网络平台获取教学资源，这种灵活性使得学习过程更加便捷和自主。无论是在校园、家中还是外出旅行，学生都可以通过电脑、平板或手机随时随地登录网络平台，进行学习。这种便捷的学习方式极大地提高了学生的学习效率，使得他们可以更好地安排自己的学习时间，适应个人的学习节奏和习惯。

此外，网络平台还为学生提供了更加丰富和多样化的学习资源。传统的教学模式受限于教师的教学能力和资源条件，学生接触到的知识和信息相对较为有限。然而，在网络平台上，学生可以轻松获取到各种各样的学习资源，包括教学视频、电子书籍、在线课程等。这些资源的丰富性和多样性为学生提供了更广阔的学习空间，使得他们可以更加全面地了解和掌握知识。

通过网络平台，学生的学习空间和时间得到了极大的拓展。这种灵活的学习方式不仅提高了学生的学习效率，还丰富了他们的学习资源，促进了个性化学习和自主学习的发展。这对于提升教育的质量和效果，培养学生的综合素质和创新能力具有重要意义。

2. 学生的学习方式更加主动和自主

在传统的面对面授课模式中，学生往往是被动接受知识的接收者。教师主导着教学过程，学生则按照教师的安排和要求进行学习，缺乏主动性和自主性。然而，在线学习环境下，学生的学习方式变得更加主动和自主。

第一，学生可以根据自己的兴趣和需求选择学习内容。在传统课堂中，教师通常按照教学大纲和课程安排进行教学，学生的选择权较为有限。但在在线学习中，学生可以根据自己的兴趣和学习目标自由选择学习内容，例如通过在线课程平台选择感兴趣的课程或主题进行学习。这种自主选择的学习方式能够激发学生的学习兴趣，增强他们的学习动力。

第二，在线学习还提供了丰富的互动方式，学生可以与教师和同学进行实时交流和讨论。通过在线讨论区、即时消息工具等功能，学生可以与教师和同学分享学习心得、提出问题、展开讨论，获得及时的反馈和指导。这种互动交流的学习方式促进了学生之间的合作和交流，培养了他们的团队合作精神和沟通能力。

第三，在线学习还提供了多样化的学习资源和学习工具，例如教学视频、在线测验、虚拟实验等，学生可以根据自己的学习需求和学习风格选择适合自己的学习方式和学习工具。这种个性化的学习方式能够更好地满足学生的学习需求，提高他们的学习效率和学习成果。

（二）教学模式的转变

除了学习方式的转变，信息技术的发展还推动了高校思政教育教学模式的转变。传统的面对面授课模式逐渐演变为混合式教学模式，结合了线上和线下教学的优势。

1. 混合式教学模式提供了更加灵活的学习机会

混合式教学模式的出现为学生提供了更加灵活的学习机会，将线上学习和线下教学相结合，充分利用了两种教学资源，以提高教学效率和学习效果。这种模式的灵活性体现在多个方面。

第一，混合式教学模式使得学生可以根据自己的时间和地点安排学习。在传统的面对面授课模式下，学生需要按照固定的课程表前往教室上课，受到时间和地点的限制。而在混合式教学模式下，学生可以通过网络平台随时随地访问课程内容，根据自己的时间安排进行学习。例如，学生可以在公共交通工具上、家中或者图书馆等地方利用碎片化的时间进行学习，提高了学习的灵活性和便捷性。

第二，混合式教学模式促进了学生之间的互动和合作。在线学习可以提供丰富的学习资源，例如教学视频、在线讨论区等，学生可以通过这些资源进行学习和交流。而在线下的课堂上，学生可以利用课堂时间进行讨论、解答疑问等活动，加深对知识的理解和应用。通过线上线下的互动，学生之间可以相互交流学习经验、分享学习成果，促进了学习氛围的建立和学习效果的提高。

第三，混合式教学模式还为教师提供了更多的教学手段和方式。教师可以通过在线学习平台上传教学资源、布置作业、组织讨论等，实现课程内容的灵活管理和教学活动的个性化设计。在课堂上，教师可以根据学生的学习情况和反馈进行针对性地讲解和指导，提高了教学的针对性和有效性。

2. 混合式教学模式促进了教师与学生之间的互动和交流

混合式教学模式的实施不仅为学生提供了更加灵活的学习机会，同时也极大地促进了教师与学生之间的互动和交流。这种互动和交流体现在多个方面，并对教学效果和学习体验产生了积极的影响。

第一，混合式教学模式通过在线学习平台为学生提供了直接与教师交流的便捷途径。学生可以在学习过程中随时通过电子邮件、在线讨论区等方式向教师提出问题、寻求帮助，甚至进行在线实时的交流和讨论。这种及时的互动能够解决学生在学习过程中遇到的困惑和问题，帮助他们更好地理解和消化所学知识。例如，一位学生在在线学习过程中遇到了对于课程内容的理解困难，他可以立即通过在线平台向教师提问，并得到及时的解答和指导，从而及时解决学习难题，保持学习的连贯性和有效性。

第二，混合式教学模式通过在线学习平台为教师提供了更加全面和及时的学生学习情况反馈。教师可以通过在线学习平台实时监控学生的学习活动和表现，了解学生的学习进度、学习兴趣、学习困难等情况。基于这些反馈信息，教师可以及时调整教学策略和教学内容，针对性地进行个性化指导和辅导，提高了教学的针对性和有效性。例如，教师可以根据学生在在线讨论区的表现和反馈情况，调整课程安排和讲解方式，以更好地满足学生的学习需求和提高学习效果。

第三，混合式教学模式还为教师和学生之间的深入交流和合作提供了更多的机会。通过在线学习平台，教师可以为学生提供丰富的学习资源和资料，引导学生进行自主学习和探索。同时，教师还可以组织在线讨论、小组合作等活动，促进学生之间的互动和合作，拓宽了学生的学习视野和思维能力。例如，教师可以组织学生进行在线小组讨论，共同探讨课程中的问题和案例，促进学生之间的合作交流，培养学生的团队合作和沟通能力。

3.混合式教学模式还促进了教学资源的共享和开放

混合式教学模式的实施不仅为学生提供了更加灵活的学习机会，同时也促进了教学资源的共享和开放。这种共享和开放体现在多个方面，并对教学效果和教学质量产生了积极的影响。

第一，通过网络平台录制和上传教学资源，教师可以将优质的教学内容永久保存在网络上，供学生随时随地获取和学习。这些教学资源可以是讲义、课件、视频讲解、习题解析等形式，涵盖了课程的各个方面和知识点。例如，一位数学教师可以录制并上传数学概念讲解视频，学生可以在家中自主学习，并通过网络平台进行相关的练习和讨论。这种教学资源的共享和开放极大地提高了学生获取优质教育资源的便利性和效率，拓展了他们的学习渠道和途径。

第二，教学资源的共享和开放有助于提高教学资源的利用率和教学效果。通过网络平台上传的教学资源可以被多个教师和学生共同利用，避免了资源的重复开发和浪费。例如，一位教师制作的优质教学视频可以被其他教师引用和借鉴，在不同的课程中产生更广泛的教学影响。同时，学生也可以通过网络平台分享自己制作的学习笔记、讲义等资源，与其他同学进行交流和分享，促进了学生之间的互动和合作。

第三，教学资源的共享和开放还促进了教育资源的共建共享。教师和学生可以通过网络平台共同参与教学资源的创建和整理，共同探讨和改进教学内容和形式，形成了一种教学资源共建的良好氛围。例如，教师可以在网络平台上发布教学设计方案，征集学生的意见和建议，从而实现教学资源的共同创作和优化。这种共建共享的过程不仅提高了教学资源的质量和有效性，也增强了教师和学生之间的合作意识和团队精神。

二、思想政治教育内容与形式的创新

（一）思想政治教育内容的创新

1. 引入新的社会问题和议题

随着社会的发展，涌现出许多新的社会问题和挑战，例如数字化时代的隐私保护、人工智能的伦理问题等。传统的思政教育内容往往无法涵盖这些新议题，而信息技术的应用为教师提供了及时引入这些话题的机会。通过在网络平台上发布相关资讯、论文、视频等资源，教师可以引导学生关注和思考这些新议题，拓展思政教育的内容领域。

2. 跨学科思政教育

传统的思政教育往往局限于政治理论和思想道德方面的教育，而忽视了其他学科的重要性。信息技术的应用为跨学科思政教育提供了契机。教师可以借助网络平台，将不同学科的知识与思政教育内容进行有机结合，例如将社会学、心理学、经济学等学科的知识与思政教育内容相融合，使得思政教育更加立体化和全面化。

3. 个性化和差异化教学

信息技术的应用还为思政教育内容的个性化和差异化提供了支持。通过教学平台和在线资源，教师可以根据学生的学习水平、兴趣爱好和特长，量身定制教学内容。例如，针对某一特定议题感兴趣的学生，教师可以提供更深入的学习资源和引导，从而实现个性化教学，激发学生的学习热情和积极性。

（二）思想政治教育形式的创新

1. 虚拟实验

虚拟实验是信息技术支持下的一种新型教学形式。通过虚拟实验软件或在线实验平台，教师可以为学生提供虚拟的实验场景，让他们在模拟的环境中进行实验操作和数据分析。例如，在思政课程中，教师可以利用虚拟实验软件模拟社会实践活动，让学生在虚拟环境中体验社会问题的解决过程，增强了学生的实践能力和社会责任感。

2. 网络讨论

网络讨论是另一种信息技术支持下的教学形式。教师可以通过在线论坛、博客等平台，组织学生进行课堂外的学术讨论和交流。这种互动式的学习方式能够激发学生的思辨能力和批判性思维，增强了学习的深度和广度。例如，学生可以在在线论坛上分享自己的观点和看法，并与同学进行互动和辩论，从而深化了对思政教育内容的理解和思考。

3. 在线作业

在线作业是常见的信息技术支持下的教学形式。教师可以通过网络平台设置各种形式的在线作业，如选择题、填空题、论文撰写等，以检测学生对课程内容的掌握程度和理解深度。通过及时的在线作业反馈和评价，教师可以更好地了解学生的学习情况，及时调整教学策略，提高教学效果和学习成效。例如，在思政课程中，教师可以设计一系列与课程内容相关的在线作业，让学生通过网络平台完成，如撰写社会热点问题的评论、参与在线讨论、解答思考题等。这些作业不仅可以帮助学生巩固所学知识，还可以培养他们的批判性思维和创新能力。

第四节　信息技术对高校思政教育的发展提升

一、信息技术促进思政教育手段的多样化和智能化

（一）多媒体教学手段的应用

1.视频教学

视频教学是一种常见的多媒体教学手段，通过生动的画面和声音，将抽象的思想理论转化为形象生动的教学内容。例如，政治课程中可以利用视频展示历史事件的重要场景或政治领袖的演讲，使学生能够更直观地了解相关概念和内容。这种形式的教学不仅可以吸引学生的注意力，还能够激发他们的学习兴趣，提高学习效果。

2.音频教学

音频教学是另一种多媒体教学手段，通过声音的传播，将思想理论以听觉方式呈现给学生。例如，可以录制专家讲解的音频课程，或制作专题讨论的音频节目，供学生在课余时间进行听听学习。音频教学不受时间和空间的限制，学生可以随时随地进行听课，提高了学习的灵活性和便捷性。

3.图像教学

图像教学是通过图片、图表等形式呈现教学内容，具有直观性和易懂性的特点。在思政教育中，可以利用图像教学展示重要政治人物的形象、历史事件的时间线或统计数据的柱状图等，帮助学生更清晰地理解和记忆相关知识。图像教学可以激发学生的想象力和创造力，增强他们的学习兴趣，是思政教育中不可或缺的一部分。

（二）智能化教学辅助工具的运用

1.个性化学习推荐系统

基于人工智能和大数据技术的个性化学习推荐系统，能够根据学生的学习数据和行为模式，智能地为其推荐适合的学习资源和学习路径。例如，系统可以分析学生的学习兴趣、学习习惯和学习水平，为其提供定制化的课程内容和

学习计划，从而提高学习的针对性和效率。

2.智能评价与反馈系统

智能评价与反馈系统利用机器学习和数据挖掘技术，对学生的学习行为和成绩进行智能化分析和评价，及时反馈给学生和教师。系统可以根据学生的答题情况和作业表现，为其提供个性化的学习建议和改进措施，帮助其及时调整学习策略，提高学习效果和成绩水平。

3.虚拟实验与模拟场景

利用虚拟实验和模拟场景技术，可以为学生提供沉浸式的学习体验和互动环境。例如，政治课程可以通过虚拟现实技术模拟历史事件的场景，让学生身临其境地参与其中，加深对历史事件的理解和体验。这种形式的教学不仅能够激发学生的兴趣，还能够培养其创新能力和问题解决能力。

二、信息技术促进思政教育资源的共享和开放

（一）全球化资源共享平台的建设

1.在线教育平台的发展

随着互联网技术的普及和在线教育的兴起，越来越多的高校开始建设在线教育平台，为学生提供灵活、便捷的学习方式。这些平台不仅是本校学生的学习工具，也成了资源共享的重要载体。例如，一些知名高校在其在线教育平台上开设了思政教育相关课程，并允许其他院校的学生免费参与学习，实现了资源的跨校共享。

2.MOOC（大规模开放在线课程）平台

MOOC 平台是一种全球化资源共享的典型代表，通过向全球用户开放高质量的在线课程资源，实现了教育资源的全球共享。在 MOOC 平台上，学生可以随时随地选择自己感兴趣的课程进行学习，不受时间和地域的限制。例如，一些国际知名的 MOOC 平台如 Coursera、edX 等，提供了丰富的思政教育课程，吸引了来自全球各地的学生参与学习，推动了思政教育资源的全球化传播。

（二）教育资源开放共建

1.共建共享的教育资源库

高校之间可以共同建设思政教育资源库，汇集各校优质的教学资源和教学

方法，为整个行业提供参考和借鉴。这种资源库可以包括教学课件、教学案例、教学视频、教学活动设计等内容，覆盖多个学科领域和教学层次。例如，一些高校可以将自己开发的优质课程和教学资源上传至共建平台，供其他学校免费使用，促进了资源的共建共享，提高了整体教学水平。

2. 教育资源开放平台的建设

为促进教育资源的开放共建，一些高校建设了专门的教育资源开放平台，提供教学资源的共享和交流平台。这些平台可以包括在线资源库、教学资源分享社区等形式，为教育工作者和学生提供了便捷的资源获取途径。例如，一些学校可以建设专门的思政教育资源开放平台，邀请各界专家学者和教育工作者共同参与资源的上传和分享，推动思政教育的开放共建进程。

第四章　基于信息技术的高校思政教育模式创新

第一节　在线教育平台与课程设计

一、高校思政课在线教学的概念

（一）在线教学

在线教学，作为一种利用互联网技术进行教学的方式，已成为教育领域的重要发展趋势之一。通过在线教学平台，学生可以突破时间和空间的限制，在任何时间、任何地点进行学习，极大地提升了学习的便利性和灵活性。与传统的线下课堂相比，在线教学在多个方面呈现出明显的差异。

第一，在线教学注重个性化教学服务。通过分析学生的学习情况、学习目标和学习水平，可以为每位学生量身定制学习方案，提供个性化的教学服务。这种个性化教学模式有助于激发学生的学习兴趣，提高学习效果。

第二，在线教学开放共享全球教育资源。学生可以通过在线教学获取全球范围内的优质教育资源，不再受制于地域和学校条件的限制。这种开放共享的教育模式有助于丰富学生的学习内容，拓宽他们的知识视野。

第三，在线教学包含全过程的教学环节。从课前的准备、课中的教学到课后的作业和评估，在线教学覆盖了教学的各个环节。这种全过程的教学模式有助于提高教学的连贯性和系统性，保证教学效果的稳定性。

第四，在线教学还利用大数据进行教学评估和监控。通过对学生的学习数据进行分析和挖掘，可以及时发现学习问题和困难，为学生提供个性化的学习支持和指导。这种基于大数据的教学评估有助于提高教学的针对性和有效性。

在线教学已经成为一种创新的教学模式，为教育领域带来了新的发展机遇。通过个性化教学服务、开放共享教育资源、全过程教学环节和大数据教学评估，在线教学不仅提升了教学的效率和质量，还促进了教育的公平和包容，实现了教育资源的均衡和共享。

（二）思政课在线教学

在当前网络时代，思政课的在线教学成为一种新兴的教学模式，具有独特的意义和价值。思政课作为培养学生思想道德素质和政治觉悟的重要课程，在线教学为其提供了更为广阔的教学空间和教学途径。

第一，思政课的在线教学可以实现课程内容的全面展示和深度挖掘。通过网络平台，教师可以灵活运用多媒体技术，呈现丰富的教学内容，包括文字、图片、音视频等形式，使学生对课程内容有更为直观和深入地理解。例如，教师可以通过在线教学平台分享相关的历史资料、理论文献和案例分析，帮助学生深入学习和思考马克思主义基本原理、中国特色社会主义理论等内容。

第二，思政课的在线教学有助于拓展学生的学习渠道和学习资源。传统的思政课教学往往受到时间和空间的限制，而在线教学则可以让学生随时随地进行学习，充分利用碎片化的时间进行学习。同时，通过网络，学生可以获取到更广泛、更丰富的学习资源，包括国内外优秀教学资源、学术期刊、专家讲座等，从而提升学习的深度和广度。

第三，思政课的在线教学可以促进学生的交流与互动。在传统的课堂教学中，学生之间的交流往往受到时间和空间的限制，而在线教学可以通过网络平台实现学生之间的交流和互动。例如，学生可以在线讨论课程内容、分享学习体会，通过网络平台参与到课程讨论和互动中，拓展了学生的思维空间，促进了学生之间的交流和合作。

思政课的在线教学为学生提供了更为灵活和便利的学习方式，拓展了教学的空间和教学的方式，有助于提升学生的学习效果和教学质量，促进了学生的思想政治素养和综合素质的提升。随着网络技术的不断发展和教育理念的不断更新，思政课的在线教学将会在未来教育领域发挥着更加重要的作用。

二、在线教育平台的功能与特点

在线教育平台作为信息技术与高校思政教育相结合的载体，具有以下功能与特点。

（一）灵活性与便捷性

在线教育平台的灵活性和便捷性是其最突出的特点之一。学生可以根据自己的时间安排和学习进度，在任何时间、任何地点进行学习，不再受制于传统课堂教学的时间和地点限制。这种随时随地的学习模式提高了学习的自主性和灵活性，使得学习更加符合个体需求，同时也提升了学习的效率和便利性。

在在线教育平台上，学生可以根据自己的学习进度和时间安排，自主选择学习内容和学习时长，可以随时中断或继续学习，更好地适应自己的生活和工作节奏。这种个性化的学习模式符合现代人的学习习惯和需求，使得学习不再受时间和空间的限制，大大提高了学习的灵活性和便捷性。

（二）资源丰富

在线教育平台汇集了丰富多样的教学资源，包括文字、图像、音频、视频等形式，为学生提供了多样化、丰富全面的学习内容。这些教学资源涵盖了各个学科领域的知识点和学习资料，具有很高的教育和学习价值。

学生可以通过在线教育平台获取到最新、最全面的教学资源，不再受制于传统纸质教材的限制。他们可以随时随地通过平台获取到所需的学习资料和教学内容，提升了学习的效率和质量。同时，教师也可以通过在线教育平台分享自己的教学资源和教学经验，为学生提供更好的学习支持和指导。

（三）互动性与个性化

在线教育平台具有较强的互动性和个性化特点，通过交互式教学设计和智能化学习系统，能够为学生提供个性化的学习体验。平台上设置了各种互动式学习功能，如在线讨论、作业提交、实时答疑等，学生可以通过这些功能与教师和同学进行互动交流，分享学习心得、解决学习问题，增强了学习的参与度和效果。

同时，在线教育平台还可以根据学生的学习情况和学习需求，智能推荐相关的学习内容和学习资源，帮助学生更好地制定学习计划和路径，提高了学习的针对性和有效性。通过个性化的学习体验，学生可以更加高效地获取所需的知识和技能，实现个人学习目标和发展需求。

三、基于在线教育平台的课程设计策略

基于在线教育平台的思政课程设计应充分利用其功能与特点，采取以下策略。

（一）在线教育平台课程设计的内容创新与更新

在线教育平台课程设计应注重内容创新与更新。随着科技的发展和社会的变迁，思政教育课程需要及时更新，以适应新时代的需求和学生的实际情况。因此，课程设计者应不断关注社会热点、时事政治、国情国策等内容，结合马克思主义理论，设计具有前瞻性和实践性的课程内容。例如，可以引入新时代中国特色社会主义理论创新、全球化背景下的国际政治变化、青年学生参与社会治理的实践案例等内容，激发学生的学习兴趣和思考能力。

在内容设计上，还应注重跨学科和跨领域的融合。思政教育不仅是一门独立学科，更是涉及政治、哲学、社会学、心理学等多个学科领域的交叉学科。因此，在线教育平台的课程设计可以借鉴跨学科的思维模式，将不同学科的知识融合进思政教育课程中，使之更加丰富多彩，能够更好地满足学生的综合学习需求。

此外，还应注重课程内容的个性化和定制化。在线教育平台具有灵活性和互动性的特点，课程设计者可以根据学生的学习特点和需求，进行个性化的课程设置。例如，可以根据学生的兴趣爱好、专业背景、学习水平等因素，设计不同类型、不同难度的课程内容，以满足不同层次学生的学习需求，提高教学效果。

（二）在线教育平台课程设计的教学方法创新与多样化

在线教育平台课程设计应注重教学方法的创新与多样化。传统的面对面教学模式在在线教育平台上并不适用，因此需要针对在线教育的特点，设计新的教学方法和教学形式。例如，可以采用分层教学、自主学习、合作学习、项目驱动等教学方法，通过视频讲解、在线讨论、案例分析、实践操作等多种形式，使学生在网络空间中获得丰富的学习体验。

在教学方法创新上，还应注重引入信息技术和互联网资源。在线教育平台具有信息化、网络化的特点，课程设计者可以利用互联网资源，引入多媒体教学、虚拟实验、网络游戏等教学元素，提高课程的趣味性和互动性，激发学生

的学习兴趣和主动性。

此外，还应注重教学方法的个性化和定制化。在线教育平台具有个性化定制的优势，课程设计者可以根据学生的学习情况和需求，灵活调整教学方法，为学生提供个性化的学习服务。例如，可以根据学生的学习习惯和学习进度，设置自适应学习路径和个性化学习计划，帮助学生更好地掌握课程内容，提高学习效果。

（三）在线教育平台课程设计的评估与反馈机制建设

在线教育平台课程设计应建立完善的评估与反馈机制。评估与反馈是课程设计过程中的重要环节，可以帮助课程设计者及时了解课程的教学效果和学生的学习情况，及时调整和优化课程设计。因此，课程设计者应建立多维度、多层次的评估指标体系，包括学生学习情况、教学资源利用情况、教学效果评价等方面，通过在线测试、作业评价、学习反馈等方式，对课程进行全面评估。

在评估与反馈机制建设上，还应注重教师和学生的互动与沟通。教师应及时收集学生的学习反馈和建议，了解他们的学习需求和困难，及时给予指导和帮助，帮助学生解决学习中的问题。同时，还应建立教师之间的交流平台，分享教学经验和教学资源，促进教师之间的互相学习和提高。此外，还可以通过在线讨论、学习群组等形式，鼓励学生之间的互动和交流，形成学习共同体，提高学生的学习效果和满意度。

除了教师与学生之间的互动外，还应注重建立课程评估的闭环机制。课程设计者应及时收集和分析学生的反馈意见和评估结果，对课程进行改进和优化。同时，还应建立课程评估的长效机制，定期对课程进行审查和评估，及时发现和解决问题，保证课程的持续改进和优化。

第二节　多媒体教学手段的应用

多媒体手段并不单单指多媒体课件，而是对现代所有教学媒体的合理应用，如互联网、网络交流平台等。当前部分教师过于片面看待多媒体手段，并没有在教学中完全采用多媒体手段，故而教学效果欠佳。高校思政课本身理论性偏强，学生学习的兴趣较低，充分运用多媒体手段，有助于学生改变对思政课的认识，充分发挥主观能动性了解思政知识，对学生的发展具有重要作用。本文以大学思政理论课堂为例，分析如何运用多媒体手段进行教学，以期为高校思政教师提供一定的参考。

一、多媒体在高校思政课教学中的优势与负面影响

（一）多媒体手段运用在高校思政课教学中的优势

1. 以其直观特点增强思政课的课堂吸引力

当前高校中主要的多媒体教学手段为运用多媒体课件，而多媒体课件可以直观准确地将抽象的定义与概念表达出来，同时通过文字、图像等构建图文并茂的教学环境，从而全方位对学生的感官进行刺激，使学生在这一情境中进行思考，以促进学生对思政理论知识的掌握。如对"追求远大理想坚定崇高信念"这一章节的教学，该节课最终的目的是引导大学生坚持社会理想及个人理想的统一，在不断的实践中实现中华民族的伟大复兴。该节课教学的难点是让学生认识到理想信念的概念与内涵，树立起马克思主义信念，树立起中国特色的社会主义理想，而这些概念与理想均是抽象化的，单一的理论讲解会让学生感觉到枯燥。故而教师可以利用多媒体课件播放在旧时代、改革开放以及现代化建设的不同场景，让学生从强烈的对比中感觉到信念的作用，从而走出"无用论""无关论"的认识误区，使学生将个人理想与社会理想相结合，从而促进学生发展。

2. 以其交互特点促进师生交流

多媒体教学是依托于计算机与互联网的一种教学方式，而互联网又具备交互与开放的特点，故而可以借用该特点实现学生与教师的充分交互，促进学生对思政理论的认识。利用多媒体，教师能够将试听与启发、讲授相结合，通过多媒体平台来实现师生共同交流，形成一种良好的学习氛围，从而不断优化与增强教学效果。如在教学"思想道德修养与法律基础"这一节时，教学目的是进一步提高大学生的思想道德素质与法律素质，帮助大学生解决价值取向问题、诚信问题、社会责任感问题等。如果只像传统的教学那样过于重视理论化，而没有贴近学生，让学生进行充分讨论，那么这些素养在大学生的脑海中就只是一个名词，而无法真正对学生起到作用。因此，在进行该课的教学时，教师可

以利用多媒体来播放一些有争议的案例，让学生进行充分思考、辩论，从而加深学生对知识的理解。

3.以其信息量大的特点提升教学效率

利用多媒体进行教学，能够使教学效率得到较大提升。以多媒体课件为例，多媒体课件相当于教师已经做好的板书，所以教师在教学中不必像过去那样再费时间在黑板上列板书，节省了大量的时间，可以用来讲解其他知识，从而使教学效率得到提升。另外，多媒体上还能储存大量的信息。如在教学"增强法律意识弘扬法治精神"这一节时，其目的是让学生认识到社会主义法律的本质，了解法律与民主的关系，让大学生能够从体会法律思维方式过渡到培养自己的法律思维方式，而这些单一靠教师的讲解，效果并不明显；教材上关于法律的条例等也不够全面。利用多媒体课件能够列举大量的条文条例，让学生从中体会，从而使学生明晰法律思维并塑造自己的法律思维方式。

（二）多媒体手段可能带来的负面作用

多媒体手段在高校思政课教学中的负面作用不容忽视。尽管多媒体技术可以提升教学效果，但其过度应用可能带来一系列问题，特别是在学生、思政课本质和教师三个方面。

第一，从学生的角度看，多媒体教学可能会导致学生接触大量互联网内容，而这些内容的质量良莠不齐。由于学生的判断能力和信息辨别能力参差不齐，他们可能容易受到不良信息的影响，从而对思政课的教学造成干扰。例如，学生可能会误解或曲解教学内容，或者被不良信息所误导，导致思政教育的教学难度增加，影响教学效果。

第二，从思政课教学的本质来看，思政课强调的是实践性教学，旨在通过实践让学生掌握真理，并将所学知识应用到社会生活中。然而，多媒体技术的过度运用，特别是在理论教学方面，可能导致学生形成一种"大而空"的认识，而非实践能力的发展。学生可能过度依赖多媒体呈现的信息，而忽视了理论知识与实践相结合的重要性，从而影响了他们的实践能力和创新意识的培养。

第三，从教师的角度来看，一些教师可能没有充分考虑到多媒体教学的适用性和局限性，导致应用失衡或盲目使用。一些教师可能过分依赖多媒体技术，而忽视了课堂互动和学生参与的重要性。此外，一些教师可能没有及时调整教学策略，导致多媒体教学的效果未能达到预期，甚至可能产生负面影响。

二、多媒体手段在大学思政理论课堂教学中的具体应用

（一）依据学生实际设计，以完成教学任务

针对思政课的教学任务，我们需要设计一种以学生为主体的教学模式，使他们能够积极参与并完成教学任务。思政课的根本任务是教会学生如何在社会交往关系中发展并实现灵魂的升华，这意味着我们需要通过教学让学生在心灵层面上得到提升，从而更好地适应社会的发展和变化。为实现这一目标，我们可以运用多媒体手段构建创新性的教学模式。

在教学设计上，我们可以利用微课视频作为教学资源，让学生通过观看微课视频进行学习和思考。微课视频可以包含一些引人深思的问题或知识点，激发学生的思考和讨论。通过微课视频的呈现，学生可以在课堂之外随时随地进行学习，提高学习的灵活性和自主性。此外，教师可以在微课视频中精心设计一些思考题或案例分析，引导学生深入思考并进行讨论，从而激发学生的学习兴趣和积极性。

在课堂教学中，我们可以以学生为主体，采用讨论、小组合作等形式进行教学。教师可以组织学生针对微课视频中的问题展开讨论，引导他们自主探究和解决问题。通过讨论和合作，学生可以相互交流思想，拓宽视野，提升对知识的理解和运用能力。同时，教师可以及时给予学生反馈和指导，引导他们深入思考，提高学习效果。

此外，教师还可以设计一些实践活动，让学生将所学知识应用到实际情境中，增强他们的实践能力和应用能力。例如，可以组织学生开展社会调查、参与社会实践活动，或者设计一些项目任务，让学生运用所学知识解决实际问题。通过实践活动，学生不仅可以加深对知识的理解，还能培养创新意识和解决问题的能力，实现教学任务的有效完成。

基于以学生为主体的教学模式，结合多媒体手段和实践活动，可以实现思政课的教学任务。通过创新性的教学设计和灵活多样的教学方式，可以激发学生的学习兴趣和主动性，提高教学效果，从而更好地完成教学任务。

（二）依据教师教学实际设计，实现教学方法的优化

在教学实践中，教师需要根据自身的实际情况和教学需求设计并优化教学方法，以提高教学效果和学生学习成效。多媒体教学手段虽然提供了新的教学可能性，但其应用也需要结合教师的实际情况进行合理设计和优化。

1.教学实际分析与课程设计

在设计课程时，教师应该以教学实际为基础进行分析，这意味着教师需要深入了解学生的特点、学习需求以及教学环境等因素。这种分析是课程设计的基础，因为只有充分了解学生的现状和需求，教师才能够有针对性地设计课程，使其更符合学生的学习情况和实际需求。

第一，教师需要考虑学生的年龄段、学科特点、学习能力等方面的特点。不同年龄段的学生可能对多媒体教学的接受程度有所不同，教师需要根据学生的年龄特点来选择合适的教学方法和媒体形式。此外，不同学科的教学内容也会影响到多媒体教学手段的选择，例如，对于理科课程可能更适合使用实验视频或模拟实验软件，而对于文科课程可能更适合使用历史图片或文学音频。

第二，教师还需要考虑学生的学习需求和兴趣爱好。通过了解学生的学习需求，教师可以更好地设计课程内容和教学活动，使之能够满足学生的学习需求和兴趣爱好。例如，如果学生对于某一主题或领域表现出较高的兴趣，教师可以通过多媒体教学手段来增强学生的学习兴趣，提高学习的积极性和主动性。

第三，教师还需要考虑教学环境的因素。教学环境包括教室设施、教学设备、教学时间等方面的因素，这些因素会影响到多媒体教学手段的选择和应用。例如，如果教室配备了投影仪和音响设备，教师可以更方便地使用多媒体教学手段来进行教学；如果教学时间有限，教师可能需要精简课程内容，选择更具代表性和关键性的内容进行讲解。

2.多媒体教学手段与传统教学方式的结合

在教学实践中，教师应当将多媒体教学手段视作传统教学方式的有益补充，而非完全取代。传统教学方式如照片、模型、实物等具有直观、生动的特点，能够有效地吸引学生的注意力，激发他们的学习兴趣。这些传统手段在教学中扮演着重要的角色，不仅能够帮助学生理解抽象的概念和理论，还能够促进他们的实践操作和思维发展。

然而，传统教学方式也存在着一些局限性，比如信息呈现的静态性、学习资源的有限性等。为了弥补这些不足，教师可以引入多媒体教学手段，如视频、音频、动画等，来丰富教学内容，提高信息的传递效率和学习效果。多媒体教学手段具有形象直观、生动活泼的特点，能够使抽象的概念变得更加具体和可视化，有利于学生的理解和记忆。

因此，教师可以将多媒体教学手段与传统教学方式相结合，实现优势互补。例如，在教学中可以通过使用实物展示和模型演示来引起学生的兴趣和好奇心，同时配合多媒体教学手段，如播放相关视频或展示动画，加深学生对内容的理解和记忆。这样一来，传统教学方式和多媒体教学手段相互配合，能够在教学过程中起到更好的效果，提高学生的学习效率和学习成果。

3.教学方法的优化与实践效果评估

在教学实践中，教师应该通过不断地总结经验和评估教学效果，对教学方法进行优化和调整，以提高教学效果和学生的学习成果。这种教学方法的优化和实践效果评估是教育教学中非常重要的环节，能够有效地促进教学质量的提升和教学目标的实现。

第一，教师可以通过教学反思的方式对自己的教学过程进行评估。在每一次教学结束后，教师可以对教学内容、教学方法、学生反馈等进行反思和总结，分析教学中存在的问题和不足之处。通过这种反思，教师可以深入了解学生的学习情况和学习需求，发现教学中存在的短板和不足之处，为进一步的教学优化提供了有力的依据。

第二，教师可以通过教学评估的方式对教学效果进行客观评价。教学评估可以包括定量和定性两种方法，通过学生的考试成绩、课堂表现、作业质量等指标来评价教学效果。同时，也可以通过学生的问卷调查、访谈等方式收集学生的意见和建议，了解他们对教学的满意度和改进建议。通过教学评估，教师可以客观地了解自己的教学水平和教学效果，发现问题并及时进行调整和改进。

第三，教师应该根据教学反思和评估结果对教学方法进行优化和调整。教师可以针对性地调整教学内容、教学方式和教学手段，根据学生的实际需求和学习特点进行个性化的教学设计，提高教学的针对性和有效性。同时，教师还可以借鉴其他教师的成功经验和教学案例，不断丰富自己的教学方法和技巧，不断提高教学水平和教学效果。

三、多媒体手段在大学思政理论课堂教学中应用的注意事项

（一）坚持科学实用、时代性与交互开放的原则

1. 科学实用原则

在运用多媒体手段进行大学思政理论课堂教学时，必须确保其科学实用。这意味着每次使用多媒体都应该有明确的教学目标和效果预期。教师应根据课程内容和学生特点，精心设计多媒体展示，确保能够有效地引导学生思考、激发学习兴趣，并促进知识的消化和理解。只有在确保科学性和实用性的基础上，多媒体手段才能真正发挥其教学作用。

2. 时代性原则

在大学思政理论课堂教学中应用多媒体手段时，必须与时代保持同步，体现时代性。随着科技的不断发展和社会的不断进步，多媒体教学内容和手段也应与时俱进，以保持吸引力和有效性。教师应不断关注新技术的发展趋势，结合时事热点和社会现实，选取与学生生活息息相关、具有时代性的教学内容，使学生能够在思政教育中感受到时代的脉搏，增强对时代变化的敏感度和理解力。

3. 交互开放原则

在多媒体手段的应用中，必须实现交互开放，充分利用互联网资源，为学生提供更丰富、更多样化的学习内容和学习体验。教师可以通过引导学生进行在线讨论、参与网络互动、使用学习平台等方式，促进学生之间的交流与互动，拓宽学生的思维视野和知识广度。同时，教师也应当借助网络资源，及时获取最新的教学资料和案例，丰富教学内容，提高教学效果。

（二）在应用中融入其他教学手段

1. 多媒体手段与其他教学方式的融合

多媒体手段应被视为传统教学方式的有益补充，而非取而代之。教师在教学中应结合自身的教学经验和学生的学习特点，灵活运用多媒体手段与其他教学方式相结合，以达到更好的教学效果。例如，教师可以将多媒体教学与辩论、竞赛等教学方式相结合，通过组织辩论、开展竞赛等活动，激发学生的积极性和学习热情，提升教学的趣味性和参与度。

2.辩论方式的应用

辩论是一种高效的教学方式，可以帮助学生深入理解思政理论，并培养其分析问题、表达观点的能力。教师可以借助多媒体手段提供相关资料和案例，引导学生展开辩论，让学生通过互相对话、辩论交锋，加深对思政理论的理解和掌握。

3.竞赛方式的运用

竞赛是一种富有竞争性和挑战性的教学方式，能够激发学生的学习动力和积极性。教师可以结合多媒体手段，设计思政知识竞赛，让学生在比赛中运用所学知识，增强对思政理论的理解和记忆。通过竞赛，学生不仅可以在竞争中提高自己的学习效率和水平，还可以培养团队合作精神和竞争意识，从而达到全面发展的教育目的。

第三节　虚拟实验与实践教学

一、虚拟现实技术赋能高校思政课的重要价值

高校思政课作为落实立德树人根本任务的主渠道，直接关系到新一代人才培养质量。尽管当前思政课育人总体成效显著，但仍有亟待突破的瓶颈问题。面对数字化教学的发展革新，高校利用虚拟现实技术为思政课注入新活力，彰显信息技术与思政教学深度融合的显著优势。

（一）增强思政课互动性

在当今高校思政课堂教学中，如何增强课堂的互动性成为一项重要的课题。通过将虚拟现实技术融入思政课堂，可以为教学活动注入新的活力和趣味，提升学生的参与度和体验感。

1.科学实用与时代性

在当代教育领域，教师们越来越重视科学实用和时代性，特别是在运用虚拟现实技术这样的前沿工具时更是如此。科学实用与时代性不仅是教学活动的基本原则，也是保证教学质量和效果的重要保证。

第一，科学实用意味着教师在应用虚拟现实技术时，需要将其运用到实际

教学中，确保每一次的应用都能够达到预期的教学目的。虚拟现实技术的应用需要结合具体的教学内容和教学目标，不能仅仅因为技术新颖而盲目使用。教师应该深入思考，如何利用虚拟现实技术来增强学生的学习体验、提升教学效果，确保每一次的技术运用都能够服务于教学实践的需要。

第二，时代性是指教师应当将虚拟现实技术与时代发展相结合，保持与时俱进，及时更新迭代。随着科技的不断发展和进步，虚拟现实技术也在不断地演进和完善。因此，教师们需要紧跟科技发展的步伐，不断学习和了解新的技术应用，及时将最新的科技成果应用到教学实践中。只有紧跟时代的脚步，教师才能更好地把握教学的主动权，提高教学的针对性和实效性。

2. 沉浸感的营造

虚拟现实技术的强大之处在于其具备了较强的沉浸感，这一特性为思政课程的教学提供了全新的可能性和机遇。在运用虚拟现实技术进行思政教育时，教师可以借助这种沉浸感，营造出生动、具体的情景，使学生仿佛置身其中，从而增强他们的参与感和体验感，进而提高学习效果和深度。

第一，通过虚拟现实技术的应用，教师可以打造出栩栩如生的虚拟场景，将抽象的思政理论转化为生动的体验。例如，在讲解国家政治制度时，教师可以利用虚拟现实技术模拟国家机构的运行情景，让学生亲身体验不同政治制度下的运行机制，从而更直观地理解国家政治的重要性和影响。

第二，虚拟现实技术还能够模拟历史事件或社会情境，让学生身临其境地感受历史的沧桑变迁和社会的发展进程。通过虚拟现实技术的营造，学生可以亲身经历重要历史事件的场景，感受到历史人物的思想与情感，进而更加深刻地理解历史的演变和社会的发展规律。

第三，虚拟现实技术还可以提供互动体验，让学生参与到教学过程中来，增强其主动性和参与度。例如，教师可以设计虚拟现实场景中的任务和问题，让学生通过与场景互动来解决问题，从而增强他们的学习动机和深度。

3. 交互性的设计

虚拟现实技术所具备的良好交互性为思政课程的设计提供了丰富的可能性，教师在设计思政课程时应充分利用这一特点，设计各种交互环节和活动，以激发学生的积极参与和学习动力。

第一，教师可以设计问题解答环节，让学生通过虚拟现实技术与教学内容进行互动。在课堂上，教师可以设置一系列与课程内容相关的问题，让学生通过虚拟环境中的操作和思考来解答问题，从而加深对知识的理解和记忆。通过这种方式，学生不仅可以积极参与到教学过程中来，还能够提高解决问题的能力和思维能力。

第二，教师还可以设计案例分析环节，让学生通过虚拟现实技术模拟真实情境，分析和解决问题。在思政课程中，教师可以选取一些具有代表性的案例，利用虚拟现实技术将这些案例呈现给学生，让他们在虚拟环境中模拟实际情景，进行案例分析和讨论。通过这种方式，学生可以更加深入地理解课程内容，培养解决问题的能力和思考能力。

第三，教师还可以设计角色扮演环节，让学生通过虚拟现实技术扮演不同的角色，体验不同的情境和角度。在课堂上，教师可以设置一些与课程内容相关的角色扮演任务，让学生在虚拟环境中扮演特定的角色，体验不同的情境和体验，从而增强他们对课程内容的理解和认知。通过这种方式，学生不仅可以积极参与到教学过程中来，还能够提高沟通能力和协作能力。

4.再现性的突破

虚拟现实技术的应用在思政教育中具有重要的意义，其中之一就是能够突破教学的时空限制，使学生能够更深入地理解历史事件和社会现实。通过利用虚拟现实技术，教师可以再现历史场景和社会情境，为学生提供身临其境的体验，从而增强他们对思政课程的认知和感悟。

在思政课程中，历史事件和社会现实是重要的教学内容，但由于时间和空间的限制，学生往往无法亲身体验和感知这些内容。虚拟现实技术的应用为解决这一难题提供了有效的途径。教师可以利用虚拟现实技术再现历史场景，如古代战场、历史建筑等，让学生身临其境地感受历史的沧桑和变迁。通过这种身临其境的体验，学生可以更加深入地理解历史事件的背景和意义，增强对历史文化的尊重和理解。

此外，虚拟现实技术还可以帮助学生更好地感知社会现实。教师可以利用虚拟现实技术再现现实生活中的场景和情境，如城市街道、工厂车间等，让学生身临其境地感受社会的多样性和复杂性。通过这种身临其境的体验，学生可以更加深入地了解社会的结构和运行机制，增强对社会现实的认知和思考能力。

（二）突破思政课局限性

当前，尽管各高校在思政课程的社会实践教学方面已经探索出多种形式，例如志愿服务、社会调查、参观考察等活动，但依然存在一系列局限性，如教学经费有限、组织管理困难、学生覆盖面小、组织频率较低等问题，这些使得实践性教学在思政课程中难以全过程全方位地落实。在这样的背景下，虚拟现实技术成为传统思政课实践教学的一种有益补充。

通过虚拟现实技术，可以使本地课堂与异地实践深度融合，高度再现过去的地点、人物和环境。学生可以随时通过数字化设备"故地重游"，感受虚拟情景中主流价值观和积极精神的熏陶，从而增强他们的情感价值体验。这种创新能够实现由以体验感弱的观察为主到以体验感强的操作为主的实践形式转变，同时最大化实践教学的受众群体。

利用虚拟现实技术进行实践性教学，有助于将立德树人的教育理念贯穿于思政课教学全过程。通过在虚拟情景中感受主流价值观和积极精神的熏陶，学生能够更好地理解和认同核心价值观，从而实现对社会主义核心价值观的融入和践行。

此外，虚拟现实技术还可以有效抵御历史虚无主义思潮的影响。在当前新媒体环境下，历史虚无主义思潮对大学生思想产生不断冲击。通过虚拟现实技术还原历史情景，学生可以感受到民族精神和时代精神的力量，从而树立起坚定的马克思主义信仰，抵御历史虚无主义思潮的影响。

长远来看，随着虚拟现实技术的不断发展和普及，可以在很大程度上摆脱传统思政课实践教学中存在的诸多困境，例如实践基地数量不足、教育经费有限、学生规模较大、教学成本较高等问题。这将促进思政课理论性与实践性的统一，将"思政小课堂"融入"社会大课堂"之中，实现思政教育的全面发展和深入推进。

（三）提高思政课实效性

传统思政课教学以教师为中心，采用灌输式的教学模式，具有标准化和统一化的优势。然而，随着互联网和新媒体技术的迅速发展，传统教学模式面临着挑战。新媒体环境中的碎片化信息、互联网的快速获取方式等因素，使得学生趋向于思维上的懒惰，习惯性地依赖网络获取信息，这直接影响了他们的学习效果。因此，为了提高思政课的实效性，需要与时俱进，充分利用互联网和新媒体技术。

互联网和新媒体技术所构建的虚拟空间具有去中心化的特征，这为思政课的教学提供了新的可能性。在虚拟现实技术构建的虚拟空间中，教师不再是主导者，而是理论知识的分享者和学生学习的引导者。通过利用虚拟空间的特点，可以将学生置于教学的中心，利用情景烘托与氛围渲染，让学生身临其境地感受主流意识形态的熏陶。这种沉浸式的体验不仅能够促进学生的认知觉醒，还能激起他们的情感共鸣，从而内心产生对主流意识形态的接纳和认可。这种教学模式的转变将使思政课教学更加个性化，更加符合学生的需求，从而提高了教学的实效性。

另一方面，思政课可以利用中心再造思维来重构教学形态。传统的教学模式中，教师处于中心地位，学生处于被动接受的状态。然而，通过将教学重心从教师转移到学生，可以使教学更加个性化，更加符合学生的需求。学生逐渐获得更多的自主权，从而由"要我学"逐步转变为"我要学"的状态，这将实现教学的重大突破，从而提高了思政课的实效性。

因此，要提高思政课的实效性，需要与时俱进，充分利用互联网和新媒体技术，构建虚拟空间，实现教学模式的转变，从而使教学更加个性化，更加符合学生的需求，最终达到提高思政课实效性的目的。

二、虚拟现实技术赋能高校思政课的现实基础

虚拟现实技术与高校思政课的结合，是新兴科技在教育领域的有益尝试，是建立在虚拟现实技术契合新时代大学生的学习特征、新时代高校思政课教学创新发展的现实要求、虚拟现实技术在思想政治教育领域探索基础上的必然之举。

（一）虚拟现实技术契合新时代大学生的学习特征

1. 新时代大学生的学习特征

新时代的在校大学生，即"00后"一代，与之前的学生群体相比，具有许多独特的学习特征。他们是在中国互联网迅速发展的背景下成长起来的，因此在信息获取、表达需求和释放情感等方面呈现出了与前几代截然不同的特点。

第一，新时代大学生更愿意接受新媒体工具。随着互联网技术的普及和移

动设备的普遍使用，他们习惯于利用网络资源进行学习和交流。无论是在学习资料的查找、知识的获取，还是在与同学、老师的沟通交流中，他们更倾向于使用电子设备和在线平台，而不是传统的纸质书籍或面对面交流。

第二，新时代大学生具有鲜明的个性和活跃的思维。他们在成长过程中受到了更开放、多元化的社会环境和文化氛围的影响，因此表现出更为自主、独立和富有创造性的特点。在学习过程中，他们更愿意发表自己的观点和看法，追求个性化的学习方式，注重自我实现和成长。

第三，新时代大学生在表达情感和寻求共鸣方面表现出较强的倾向。他们习惯于在社交媒体上分享自己的生活经历和情感体验，通过文字、图片、视频等多种形式进行表达。在学习过程中，他们更需要教学内容与自身情感和生活经历相结合，能够引发共鸣和情感上的共鸣，从而更深刻地理解和接受所学知识。例如，一个新时代的大学生可能更愿意通过观看优质的网络视频课程来学习，而不是传统的课堂讲授；他们可能更喜欢通过在线讨论群体讨论问题，而不是仅仅听取老师的讲解；他们也可能更倾向于利用社交媒体平台分享自己对于社会事件和时事问题的看法，与他人进行交流和互动。

2. 虚拟现实技术与新时代大学生的学习需求

在"互联网+"教育背景下，思政课教学需要充分研究大学生的成长需求和学习习惯，以符合他们在新时代呈现的特点。推动虚拟现实技术融入思政课教学，是对这一迫切需求的充分回应。随着我国教育信息化进程的深入，学生对多样化、个性化的学习服务提出了更多诉求。虚拟现实技术与思政课教学相融合，一方面能充分尊重学生的学习习惯，让学生自主选择学习内容，真正实现个性化学习。另一方面，教师可以获取学生在数字化平台中的学习数据，通过数据反馈开展个性化教学。这种教学模式能够更好地满足新时代青年的成长发展需求和大学生多样化教学诉求，拓展思政课教学方式的广度和深度，打通思政课教学的"最后一公里"。

通过虚拟现实技术融入思政课教学，可以将枯燥的理论转换成鲜活的场景，打破常规的教学模式，调动学生的热情和求知欲。这不仅提高了学生的学习积极性和参与度，也更好地满足了他们个性化学习的需求。同时，通过个性化教学，教师可以更好地了解学生的学习情况，及时调整教学内容和方法，提升教学效果。因此，虚拟现实技术的应用将为思政课教学带来新的机遇和挑战，有助于推动思政课教学朝着更加个性化、多样化、实效化的方向发展。

（二）新时代高校思政课教学创新发展的现实要求

在当今科技飞速发展的时代背景下，高校思政课教学面临着新的现实要求和挑战。科技强国战略的推动下，"虚拟现实＋教育"成为备受关注的发展趋势。这种趋势不仅是对教育领域的革新，更是对传统教学模式的重构和创新。在这样的大背景下，高校思政课教学需要顺应时代潮流，积极探索虚拟现实技术在教学中的应用，以满足新时代学生的学习需求和提升教学质量。

第一，虚拟现实技术具备沉浸性特征，可以帮助学生深度融入教学内容。通过虚拟现实技术，学生可以仿佛置身于历史场景、社会情境中，与所学知识产生更加直观深刻的连接。例如，一些历史事件或社会现实可以通过虚拟现实技术呈现出来，让学生身临其境，从而更加生动地理解和感知相关知识。这种沉浸式学习方式能够激发学生的学习兴趣和动力，提高他们的学习效果和深度。

第二，虚拟现实技术具备交互性特征，可以促进师生之间的互动与合作。传统的思政课教学往往是以教师为中心的单向传授，学生的参与度相对较低。而通过虚拟现实技术，教学变得更加灵活多样，学生可以通过互动设备参与到教学过程中，与教师进行实时交流与互动。例如，在虚拟情景中设置问题解答环节、角色扮演活动等，让学生积极参与到教学中，从而提高教学的趣味性和有效性。

第三，虚拟现实技术具备再现性特征，可以突破传统教学的时空限制。传统的思政课教学受到地点、时间等因素的制约，学生往往无法身临其境地体验相关知识。而通过虚拟现实技术，教师可以再现历史场景、社会情境，让学生亲身体验，从而更加直观地理解相关知识。例如，利用虚拟现实技术再现历史事件，让学生身临其境地参与其中，从而更加深入地了解事件的内涵和影响。这种时空跨越的教学方式能够极大地拓展思政课教学的广度和深度，增强学生的学习体验和认知效果。

因此，高校思政课教学应当积极顺应科技发展的潮流，充分探索虚拟现实技术在教学中的应用。通过沉浸性、交互性和再现性的特点，促进教学内容与学生的深度融合，提高教学效果和质量，以适应新时代学生的学习需求和提升教学水平。

（三）虚拟现实技术在思想政治教育领域的探索

1. 探索价值与意义

虚拟现实技术在思想政治教育领域的探索具有重要的价值和意义。首先，通过虚拟现实技术的应用，可以增强思政课程的趣味性和吸引力，激发学生的学习兴趣。传统的思政课教学往往受到学生对枯燥内容的抵触，而虚拟现实技术可以通过沉浸式体验和互动性设计，使学生更加投入到教学过程中，从而提高教学效果。其次，虚拟现实技术能够有效地打破时空限制，使学生能够身临其境地感受历史事件和社会现实，从而增强对相关知识的理解和认知。这种沉浸式的学习体验有助于激发学生的情感共鸣，提高思政课程的实效性和感染力。最后，虚拟现实技术的应用也为教师提供了更多的教学手段和资源，有助于丰富教学内容，提高教学质量。

2. 研究现状与发展趋势

目前，虚拟现实技术在思想政治教育领域的研究呈现出上升的趋势。学者们主要探讨了虚拟现实技术在思政课教学中的应用优势和意义，但对于如何将虚拟现实技术真正融入教学实践仍然存在一定的不足。因此，未来的研究重点应该放在路径和方法的探索上，以促进虚拟现实技术在思政课教学中的深度应用。同时，随着虚拟现实技术市场化进程的加快，教育界开始将研究成果应用到实践中。例如，一些高校已经开展了虚拟现实思政课程的实践探索，并取得了一定的成效。未来，可以进一步探索虚拟现实技术在思政课教学中的具体应用场景和教学模式，以推动思政教育的创新发展。

3. 实践探索与成果展示

一些高校在虚拟现实技术与思政教育领域进行了积极的实践探索，并取得了一定的成果。例如，北京理工大学在建党百年之际推出了国内首个 VR 思政教学 3.0 版，学生可以通过虚拟现实技术身临其境地体验百年党史，从而获得沉浸式的学习体验。此外，国内其他高校也纷纷开展了"VR+思政"探索研究，为学生提供了更加生动直观的学习方式，促进了思政教育的创新发展。这些实践成果为虚拟现实技术在思政教育领域的应用提供了有益的参考和借鉴，也为未来的研究和实践提供了重要的启示。

三、虚拟现实技术赋能高校思政课的创新路径

如今，中国教育与科技的融合发展已经进入以大数据和人工智能为依托的智慧教育阶段，跨界和新技术是后互联网时代创新的两大机会。虚拟现实技术在思想政治教育领域的运用正处于起步阶段，未来势必会迎来一个需求增长期。就此，有必要对虚拟现实技术赋能高校思政课的创新路径进行探究。

（一）提升思政课教学主体媒介素养

教学主体的思维理念转变是提升思政课教学主体媒介素养的重要一环。当前，我国高校教师在认识、理解、把握、批判和使用新媒体能力方面存在诸多不足，需要深刻认识到数字化发展对教育的现实需求。这种认识转变涉及从传统教学模式向数字化、信息化教学模式的转变，需要教师从传统的教学观念中解放出来，勇于尝试新的教学方式和方法。对于思政课教学而言，利用虚拟现实、数字资源、数据收集等多维教学手段，是提升数字化育人成效的关键。通过树立科学合理的数字化教学思维，教师可以更好地把握新技术，为学生提供更丰富、更生动的教学内容和体验，从而更好地适应新时代学生的学习需求。

另一方面，教学主体的媒介素养提升是实现思政课教学数字化转型的关键一步。数字媒介素养已成为新时代教育背景下全体师生必备的核心素养，教师需要具备使用新媒介的能力，才能更好地应对数字化教学的需求。因此，高校应该对教师开展有针对性的媒介素养教育，不断完善更新媒介素养教育内容，培养教师灵活运用新媒介进行教学的能力。教师需要通过不断的学习和实践，提高对新媒介的使用能力，并且积极引导思政课教师自觉感悟虚拟与现实相结合的度、内容与形式相呼应的度，进一步发掘虚拟现实技术在思政课领域的潜在价值。

最后，教学主体还应勇担起培育时代新人的历史使命。随着时代的发展，教师的使命也在不断变化，他们不仅需要传授知识，更要培养学生的综合素养和社会责任感。在数字化、信息化背景下，教师应积极引导学生正确利用新媒介，增强社会责任感和思想道德修养，助力他们成为具有时代担当的新时代好青年。因此，提升思政课教学主体媒介素养不仅是为了适应新技术的发展，更是为了更好地履行教育使命，培养具有时代意识和社会责任感的新一代人才。

（二）整合虚拟现实技术教学资源

研究虚拟现实技术教学资源的整合优化，对于推动思政课实践教学创新发展具有重要意义。

首先，搭建全体师生可使用的思政课数字化教学平台是关键一步。这个平台应当具备易用性和普适性，以确保所有师生都能够方便地获取和利用其中的资源。例如，可以建立一个统一的在线平台，提供各种虚拟现实技术教学资源，包括模拟场景、数字化课件、互动游戏等。通过这样的平台，师生可以随时随地访问到丰富的思政课教学资源，实现教学内容的数字化传播和学习体验的提升。

其次，加强高校思政课数字化资源开发的顶层设计至关重要。这包括对现有数字化教育产品进行优质资源的挖掘和整合，以及对数字设备的更新和完善，从而消除数字鸿沟，确保每位学生都能够平等地享受到数字化教学带来的优势。举例来说，可以利用先进的技术手段，将传统的思政课内容转化为虚拟现实场景，让学生通过沉浸式体验来深入理解历史事件或社会现实，从而提升学习效果。

再次，搭建高校思政课数字化共享平台也是必不可少的。由于高校间资源分布不均，各校可能会有自己独特的教学资源和特色，因此需要通过共享平台来实现资源的互通互享。这可以通过建立跨校合作机制，共同开发和分享虚拟现实技术教学资源，实现资源共建共享的目标。比如，各高校可以共同开发一些通用的思政课虚拟现实场景，然后通过共享平台供其他高校使用，从而节省资源开发成本，提高教学效率。

最后，通过搭建全体师生可使用的思政课数字化教学平台，加强高校思政课数字化资源开发的顶层设计，以及搭建高校思政课数字化共享平台，可以有效地促进思政课实践教学的创新发展，提升教学质量和效率，为学生提供更加优质的学习体验。

（三）健全虚拟现实技术保障机制

为健全虚拟现实技术在思政课领域的保障机制，需要采取一系列措施，以确保其融入教学的制度化、常态化，并最终实现思政课教学的实效性。

第一，加强协同联动是至关重要的。各部门应形成协同合作机制，包括党委宣传部、教务处、研究生院、马克思主义学院等，以共同的目标和行动为思政课虚拟现实技术项目建设提供支持。例如，可以建立跨部门的协作小组，定期召开会议和交流，共同制定评价标准和反馈机制，及时解决项目实施中的问题和挑战。这样的协同联动机制可以形成合力，推动思政课教学的数字化发展。

第二，细化管理制度是保障机制的重要组成部分。针对教师和学生的思政课虚拟教学评分标准和使用手册应当制定，并严格执行，避免出现"一刀切"或者不合理的管理现象。同时，应加强对虚拟现实平台的管理和维护，确保其安全稳定地运行。例如，可以建立专门的管理团队负责虚拟现实技术平台的日常维护和更新，以及对教师和学生的培训和指导，提高其使用虚拟现实技术的技能和意识。通过细化管理制度，可以为虚拟现实技术在思政课教学中的应用提供良好的制度保障，确保教学活动的正常开展和质量提升。

第三，需要积极推动虚拟现实技术的产品迭代，实现与思政课教学的有效衔接。随着技术的不断发展，虚拟现实技术的产品也在不断更新和改进，为思政课教学带来了更多可能性和机遇。因此，需要各部门和学校积极关注和参与虚拟现实技术产品的研发和推广，推动其与思政课教学的深度融合。例如，可以邀请虚拟现实技术公司与教育部门合作开发定制化的教学产品，以满足思政课教学的特殊需求和目标。通过积极推动虚拟现实技术产品的迭代，可以有效地促进思政课教学的创新发展，为高校立德树人的教育目标提供更加有效的支持。

第四节　社交网络与思政教育

一、社交网络平台在思政教育中的作用与价值

（一）社交网络平台的普及与思政教育融合

1.互联网发展与社交网络普及

随着互联网技术的快速发展和智能手机的普及，社交网络平台已经逐渐渗透到人们日常生活的各个方面，成为人们沟通交流、获取信息、建立社交关系的重要渠道之一。从最常见的微信、微博，到视频分享平台如抖音，再到知识

分享平台如知乎，社交网络的普及程度已经达到了前所未有的高度。

在社交网络平台上，用户可以自由地发布文字、图片、视频等各种形式的内容，与朋友、家人、同事甚至陌生人进行实时交流和互动。这种即时性和互动性使得社交网络成为人们分享生活、表达情感、寻求帮助和建立人际关系的重要工具。无论是工作、学习还是娱乐，人们都可以在社交网络上找到自己感兴趣的内容和话题，与他人进行交流和讨论。

在教育领域，社交网络平台也逐渐发挥着重要作用。教师可以通过在社交网络上建立专页或群组，与学生进行课堂延伸、学习资源分享和问题讨论，提升课堂教学的互动性和趣味性。学生们可以在社交网络上组建学习小组，共同探讨学习问题、分享学习心得，形成良好的学习氛围和合作机制。

除了日常的社交互动外，社交网络平台还承载了大量的信息和知识资源。用户可以通过关注优质内容创作者或专业机构账号，获取各种领域的专业知识和最新资讯。在知识获取和传播方面，社交网络为用户提供了更加便捷和多样化的选择，有助于拓宽个人的知识视野和学习领域。

2.社交网络与思政教育的融合

在当今社交网络普及的背景下，思想政治教育与社交网络的融合成为一种新的教育模式。社交网络平台的普及为思政教育注入了新的活力和可能性。教师可以利用社交网络平台开展各种形式的教学活动，与学生进行及时互动，分享学习资源和教学资料。通过在社交网络上建立专页或群组，教师可以定期发布学习任务、讨论话题和教学计划，激发学生的学习兴趣和主动性。学生们可以在社交网络上自由表达观点、交流心得，参与到思政教育的讨论和互动中来。这种基于社交网络的教学模式不仅拓展了教学的边界和形式，还为学生提供了更加自主、灵活的学习方式。通过社交网络平台，思政教育可以实现随时随地进行，使得教学更加贴近学生的生活和需求。同时，社交网络平台还为思政教育提供了更广阔的传播渠道和影响力。教师和学生们可以通过社交网络分享优秀的教学资源和案例，将思政教育推广到更广泛的受众群体中。通过利用社交网络平台，思政教育可以跨越时空的限制，实现教育资源的共享和优化，提升教育的质量和效果。

（二）提升思政教育的互动性和参与度

1.教师与学生的互动

社交网络平台的普及为思政教育中的教师与学生之间的互动提供了全新的可能性和方式。教师可以利用社交网络平台发布各种讨论话题、学习任务和教学资源，与学生进行即时互动。通过在社交网络上建立专页、群组或微信公众号等渠道，教师可以与学生们分享相关的学习资料、思政案例以及教学计划，为学生们提供更加丰富的学习资源。

在社交网络平台上，教师可以提出问题、展开讨论，激发学生们的学习兴趣和思考欲望。学生们可以通过评论、转发等方式表达自己的观点、看法和想法，与教师和其他同学进行互动和交流。这种互动式的教学模式不仅促进了教师与学生之间的沟通和交流，还增强了学生们的参与度和学习积极性。通过在社交网络上展开讨论和互动，教师可以更加直观地了解学生们的学习情况和需求，及时给予指导和反馈，帮助他们解决学习中的问题和困惑。

此外，社交网络平台还为教师和学生们提供了一个开放、自由的交流平台，可以促进跨学科、跨领域的交流和合作。教师和学生们可以通过分享各自的学术研究成果、思想观点和学习心得，相互启发、交流，共同探讨和解决重大的社会、政治和伦理问题。这种多元化的交流与互动不仅有助于提升教学质量和效果，还能够培养学生们的批判性思维、创新意识和团队合作精神，为他们的综合素养和发展奠定坚实的基础。

2.学生间的交流与合作

社交网络的普及为学生间的交流与合作提供了便利和可能性。在社交网络平台上，学生们可以轻松地建立学习群组或小组，通过在线讨论、分享学习资源等方式展开交流与合作。这种学生间的交流与合作不仅有助于拓宽他们的知识视野和学习方法，还能够促进彼此之间的学习互助和成长。

第一，社交网络平台为学生们提供了一个自由、开放的交流平台。学生们可以在社交网络上建立专属的学习群组或小组，根据自己的学习需求和兴趣爱好进行组队合作。他们可以通过群组内的讨论区或微信群等功能，随时随地与组员们进行在线交流，分享学习心得、解答疑惑，共同探讨学习中遇到的问题。这种学生间的即时交流和合作，有助于促进彼此之间的学习互助和共同进步。

第二，社交网络平台为学生们提供了丰富多样的学习资源和信息。在学习群组或小组中，学生们可以分享各自收集整理的学习资料、参考书籍、学术论文等内容，共同探讨和学习。他们还可以利用社交网络平台上的在线学习工具和应用程序，共同制定学习计划、进行学习笔记、完成学习任务，提高学习效率和成果。这种基于社交网络的学习资源共享和合作方式，有助于学生们拓展知识领域、提升学习能力，培养他们的自主学习意识和能力。

第三，社交网络平台还为学生们提供了一个跨地域、跨学科的交流平台。学生们可以通过社交网络平台与来自不同地区、不同学校甚至不同国家的同龄人进行交流和合作，分享自己的学习经验和见解，借鉴他人的学习方法和经验，拓展自己的学术视野和人际交往能力。这种跨文化、跨学科的学习交流，有助于学生们更好地适应未来社会的多元化和国际化发展趋势，增强他们的综合素养和竞争力。

（三）拓展思政教育的传播途径和影响力

1. 教育内容的传播与推广

社交网络平台作为信息传播和交流的重要渠道，在思政教育中具有巨大的潜力和影响力。教师和学生们可以通过社交网络平台分享、传播和推广优秀的思政教育内容，从而实现教育资源的共享和普及。

第一，社交网络平台为教师和学生们提供了一个广泛的传播渠道。在社交网络上，教师可以通过发布微博、微信公众号、抖音短视频等方式，将优秀的思政教育资源、案例和经验推送给更多的人群。同时，学生们也可以通过自己的社交账号分享教育内容，扩大内容的传播范围。这种传播方式不受时间和空间的限制，可以随时随地进行，使得教育内容能够迅速地传播到更多的人群中，实现教育资源的共享和普及。

第二，社交网络平台具有强大的影响力和传播效应。在社交网络上，优质的教育内容往往能够获得更多地关注和转发，形成良好的舆论效应。通过社交网络平台的传播，思政教育的影响力可以得到进一步扩大，更多的人群可以接触到和了解到优秀的教育内容。这种影响力的扩大有助于引导社会舆论，推动社会思想道德建设，促进社会的良性发展。

第三，社交网络平台还为教育内容的定制化传播提供了可能。根据不同受众群体的特点和需求,教师和学生们可以在社交网络上进行定制化的传播策略和推广方式。他们可以根据受众群体的年龄、性别、地域、兴趣爱好等因素,设计不同形式、不同风格的教育内容,提高传播的针对性和吸引力。这种个性化、定制化的传播方式有助于增强受众的接受度和认同感,提高教育内容的传播效果和影响力。

2.形成良好的舆论效应

在当今社会,社交网络已成为信息传播和舆论影响的重要平台,对于提升思政教育的影响力和传播效果起到了至关重要的作用。通过在社交网络上发布内容,教师和学生们可以迅速形成良好的舆论效应,从而推动思政教育事业的发展和壮大。

第一,社交网络的广泛覆盖和高度活跃性为形成良好的舆论效应提供了有利条件。在社交网络上,用户群体庞大,信息传播的速度和范围迅速扩大。优质的思政教育内容和讨论话题一旦发布,往往能够迅速引起广泛关注和讨论,形成良好的舆论氛围。这种高效的传播机制有助于教育内容得到更广泛地传播,提升思政教育的影响力和知名度。

第二,社交网络平台的互动性和参与度为形成良好舆论效应提供了有力支撑。在社交网络上,用户可以通过评论、转发、点赞等方式积极参与到思政教育内容的传播和讨论中来。他们可以分享自己的看法、观点和体会,与他人进行互动和交流,形成多样化、多元化的舆论声音。这种互动性的传播模式有助于促进教育内容的深入讨论和探索,激发学生的思考和反思能力,提升教育效果和社会影响力。

第三,社交网络平台的开放性和公开性为形成良好舆论效应提供了更广阔的空间。在社交网络上,任何人都可以自由发布内容,表达自己的观点和看法。这种开放式的传播环境有助于促进思想交流和碰撞,推动教育内容的多元化和丰富化。同时,社交网络上的内容通常是公开可见的,可以被更多的人群所接触和了解,进一步扩大了教育内容的影响范围和传播效果。

二、社交网络与思政教育实践的探索与创新

（一）利用社交网络平台开展主题教育

1. 线上讲座与主题讨论

在当今社会，社交网络平台的直播功能为教育工作者提供了一个全新的教学平台，尤其是在线上讲座和主题讨论方面，其作用愈发凸显。教师可以利用社交网络平台的直播功能，举办各种形式的专题讲座和主题讨论，从而为学生们提供更为丰富多彩的学习体验和知识交流平台。

一方面，通过线上讲座，教师可以邀请专家学者或相关领域的从业者，针对思政教育的热点问题和理论知识进行深入探讨和解读。这些专家学者不仅可以分享自己的研究成果和学术观点，还可以带领学生们深入了解相关领域的最新进展和研究动态。通过与专家学者的互动交流，学生们可以拓宽自己的学术视野，提升学术素养和理论水平。

另一方面，通过主题讨论，教师可以引导学生们围绕特定话题展开深入探讨和交流。这些主题可以是社会热点、时事政策、道德伦理等方面的问题，也可以是与课程内容密切相关的专题。学生们可以在讨论中分享自己的观点和看法，与同学们进行思想碰撞和交流，从而激发出更多新颖的思考和见解。这种互动式的学习模式有助于培养学生的批判思维能力和问题解决能力，提高他们的学习兴趣和参与度。

利用社交网络平台的直播功能，举办线上讲座和主题讨论是一种创新的教学方式，有助于丰富教学内容，拓宽学生的学习视野，提升他们的学术素养和批判思维能力。这种形式的教学不受时间和空间的限制，能够随时随地进行，为教育教学带来了更大的便利和可能性。

2. 微课分享与学习资源发布

在当今社交网络时代，教师可以利用社交网络平台发布微课视频，介绍和讲解思政教育的重点内容和案例分析，从而为学生提供更加便捷、生动的学习资源和学习方式。微课是一种简短而精炼的教学形式，能够通过短视频、图文等形式将复杂的知识点简化呈现，使学生更容易理解和消化。通过在社交网络平台上发布微课，教师可以将课堂教学的内容延伸到网络空间，使得学生们可以随时随地通过手机或电脑进行学习，极大地提高了学习的灵活性和便捷性。

此外，教师还可以在社交网络平台上分享优质的学习资源，如教材、课件、论文等，为学生提供丰富的学习资料和参考文献。这些学习资源的分享不仅可以帮助学生扩展知识视野，还能够激发他们的学习兴趣，促进自主学习和自主探究的能力。通过分享学习资源，教师可以在社交网络平台上建立起一个共享的学习空间，为学生们提供一个互帮互助、共同成长的学习社区。

利用社交网络平台发布微课视频和分享学习资源，可以为思政教育提供更为丰富多样的学习方式和学习资源，有利于提高学生的学习效果和学习体验。这种教学模式不仅符合当代学生的学习习惯和需求，还能够充分发挥社交网络平台在教育领域的优势，为思政教育的创新和发展注入新的活力。

（二）构建社交网络学习社区

1. 自由开放的学习环境

通过在社交网络平台上建立专门的思政教育学习社区，教师不仅为学生提供了一个自由、开放的学习环境，同时也为思政教育注入了新的活力和动力。这个学习社区不再受限于传统的教室和课堂，而是可以随时随地通过网络进行交流和学习，极大地拓展了学生的学习空间和时间。

在这个自由开放的学习环境中，学生们可以自由地分享自己的学习心得和体会，交流彼此的学习经验和思考成果。他们可以通过发表文章、发布观点、评论互动等方式，参与到思政教育的学习和讨论中来，从而更加深入地理解和领会思政课程的重要内容和核心理念。这种学习社区的建立不仅促进了学生之间的交流和合作，还培养了他们的团队合作精神和沟通能力，有利于形成良好的学习氛围和合作氛围。

此外，这个学习社区的开放性还为教师提供了更多的教学资源和教学方法。教师可以在社区中发布学习任务、布置作业、组织讨论，引导学生深入思考和探讨。他们还可以定期组织线上学习活动、举办主题讲座，邀请专家学者进行交流和分享，为学生提供更丰富的学习内容和学习资源。通过在社交网络平台上建立这样一个自由开放的学习社区，教师可以更好地发挥网络教学的优势，提高教学效果和教学质量，实现思政教育的创新和发展。

2. 定期组织线上学习活动

定期组织线上学习活动是思政教育中一种重要的教学方式，可以有效促进学生的学习效果和提升教学质量。在这些线上学习活动中，教师可以通过各种形式，如答疑解惑、案例分析、学习分享等，引导学生深入学习和思考，从而拓宽他们的思维视野和知识广度。

第一，答疑解惑是线上学习活动中常见的形式之一。在这种活动中，教师可以通过网络平台，及时回答学生在学习过程中遇到的问题和困惑，解决他们的疑问，帮助他们更好地理解和掌握课程内容。通过答疑解惑，不仅可以提高学生的学习效率，还可以增强他们对知识的理解和应用能力。

第二，案例分析也是线上学习活动的重要组成部分。通过分析真实或虚拟的案例，学生可以从实践中学习理论知识，了解和掌握解决问题的方法和技巧。教师可以组织学生分组讨论、在线交流，共同探讨案例中存在的问题和解决方案，促进学生之间的互动和合作，提升他们的分析和解决问题的能力。

第三，学习分享也是线上学习活动的一种形式。在这种活动中，学生可以分享自己的学习心得、体会和经验，向同学们展示自己的学习成果和收获。通过学习分享，学生不仅可以加深对所学知识的理解，还可以提升自己的表达能力和沟通能力，增强自信心，激发学习兴趣。

（三）社交网络平台与实践教学的结合

1.发布实践任务与调研项目

利用社交网络平台发布实践任务或调研项目是推动思政教育实践教学创新的重要举措之一。通过这种方式，教师可以引导学生走出课堂，深入社会进行实地调研和实践活动，从而将所学的理论知识与实际问题相结合，促进学生的综合素养和能力培养。

第一，发布实践任务可以帮助学生将课堂所学的理论知识应用到实际中去。通过在社交网络平台上发布具体的实践任务，教师可以引导学生选择合适的主题和方法，设计实践方案，积极参与到社会实践中来。这种实践活动可以涉及社会热点问题、政策解读、社会调查等内容，使学生能够更加直观地感受和理解所学知识的实际应用场景，增强他们的实践能力和创新意识。

第二，发布调研项目可以促进学生的科研能力和批判思维能力的培养。通过在社交网络平台上发布调研项目，教师可以引导学生选择合适的研究主题和方法，进行系统性的调研和分析，从而提升他们的科研能力和批判思维能力。

这种调研项目可以涉及各个领域的问题，如政治、经济、文化、社会等，为学生提供了一个锻炼自己的平台，培养他们的独立思考能力和解决问题的能力。

通过在社交网络平台上发布实践任务和调研项目，可以有效促进学生的综合素养和能力培养，提升他们的实践能力和创新意识，为其未来的发展打下良好的基础。这种实践教学模式不仅有助于学生的学习，也丰富了思政教育的教学内容和方法，实现了理论与实践的有机结合。

2. 学生实践经验分享与交流

学生们在社交网络平台上分享实践经验和成果，进行交流和互动，是推动思政教育实践教学创新的重要组成部分。这种基于社交网络的学生实践经验分享与交流模式具有多方面的优势和价值。

第一，学生们可以通过在社交网络上分享实践经验，展示自己在实践活动中的所见所闻、所思所想。这种分享不仅能够让其他同学了解到实践活动的具体情况，还能够激发其他同学的兴趣，促进他们对实践活动的参与和投入。通过学生之间的互相借鉴和学习，可以更好地发挥实践活动的教育作用，提升学生的综合素养和能力水平。

第二，学生们在社交网络上进行实践经验的交流和互动，可以促进彼此之间的成长和进步。通过分享自己的实践经验和成果，学生们可以从他人的经验中获取启发和帮助，解决自己在实践活动中遇到的问题，提升自己的实践能力和创新能力。这种互相交流和互动的过程不仅有助于学生个体的成长，也有助于整个团队的凝聚力和合作精神的培养。

第三，学生们在社交网络上进行实践经验的分享和交流，还可以拓宽他们的社会视野和实践经验。通过了解他人在不同领域的实践经验和成果，学生们可以拓展自己的知识面和见识，增加对社会的认知和理解，从而培养他们的综合素养和全面发展能力。这种跨学科、跨领域的交流与合作，有助于学生们更好地适应社会的发展需求和挑战，提升其竞争力和创新能力。

第五章 信息技术下高校思政教育资源建设

第一节 数字化教学资源建设

一、数字化教学资源的概念与分类

数字化教学资源是指基于信息技术的教学资源，包括文字、图片、音频、视频等形式的教学内容和工具。这些资源可以被数字化处理，并通过网络等信息技术手段进行传播和利用。在高校思政教育中，数字化教学资源具有多种分类，主要包括：

（一）课件资料类资源

课件资料类资源是现代教学中不可或缺的重要组成部分，尤其在高校思政教育中，其作用更为突出。这类资源主要包括课件、讲义、PPT等电子文档形式的教学资料，它们以图文并茂、信息清晰、逻辑严谨的形式，为教师进行课堂教学提供了有力的支持，并为学生自主学习提供了便利和指导。

第一，课件资料类资源为教师的教学提供了丰富的素材和工具。教师可以根据教学内容和学生需求，制作相应的课件和讲义，将教学重点、难点以及案例分析等内容整理成电子文档，以便于在课堂上进行展示和讲解。这种形式不仅可以帮助教师更好地组织教学内容，提高教学效率，还能够使学生更加直观地理解和消化知识。

第二，课件资料类资源为学生的自主学习提供了便利和指导。学生可以通过课件和讲义，对课堂内容进行复习和巩固，弥补学习中的疏漏和不足。尤其对于思政教育这类理论性较强的学科，学生通过阅读讲义和课件，可以更好地理解抽象概念和理论内容，加深对知识的领悟和理解。

第三，课件资料类资源还具有易于传播和共享的优势。教师可以将制作好的课件和讲义进行电子化处理，通过网络平台或教学管理系统进行分享和传播，使更多的师生受益。同时，学生也可以将课件和讲义下载到个人电脑或移动设备上随时查阅，方便灵活，有利于学生自主学习和备课。

（二）多媒体教学资源

多媒体教学资源在现代教育中扮演着至关重要的角色，尤其是在高校思政教育中，其作用更加显著。这类资源包括图片、音频、视频等多种形式，它们以生动直观的方式呈现教学内容，极大地增强了学生的学习体验和理解效果。

第一，多媒体教学资源丰富了教学内容的表现形式。相比于传统的文字和图表，多媒体资源能够以图像、声音、视频等形式直观地展示教学内容，使得抽象的概念和理论更加具体和生动。通过精心设计的图片、动画或视频，教师可以将抽象的概念具体化，使学生更容易理解和接受，从而提高了教学的效果和质量。

第二，多媒体教学资源提升了学生的学习体验和参与度。现代学生对于多媒体的接受度较高，他们习惯于通过视听方式获取信息，因此多媒体资源能够吸引学生的注意力，激发他们的学习兴趣。音频、视频等形式的资源能够让学生在感官上更加投入学习，增强了学习的参与度和深度，有利于提高学生的学习动力和效果。

第三，多媒体教学资源还促进了教学内容的个性化和差异化。教师可以根据学生的不同需求和学习风格，选择合适的多媒体资源进行教学，以满足学生的个性化学习需求。通过多样化的资源形式，可以更好地满足学生的多样化学习需求，提高教学的针对性和灵活性。

（三）网络教学平台资源

网络教学平台资源是在互联网基础上构建的一种教学资源体系，包括网络课程、在线测验、讨论区等多种形式。这些资源为教师和学生提供了更加灵活和便捷的学习方式，同时也促进了教学的互动和交流，对于现代高校思政教育的发展起到了重要的推动作用。

第一，网络教学平台资源丰富了教学内容的呈现方式。通过网络课程，教师可以将课程内容以文字、图片、音频、视频等多种形式呈现出来，使得学生可以根据自身的学习风格和习惯选择最适合自己的学习方式。同时，在线测验的设置可以帮助学生及时巩固所学知识，检验自己的学习效果，提高学习的针对性和效率。

第二，网络教学平台资源提供了更为灵活的学习时间和地点。学生可以根据自己的时间安排，在任何地点通过网络平台进行学习，不再受制于传统课堂教学的时间和地点限制。这种灵活的学习方式有助于满足学生的个性化学习需求，提高了学习的自主性和灵活性。

第三，网络教学平台资源也促进了教学的互动和交流。通过在线讨论区，学生可以与教师和同学们进行实时的交流和讨论，分享学习心得和经验，共同探讨问题。这种互动性的学习环境有助于激发学生的学习兴趣和主动性，促进了学生之间的合作和交流。

网络教学平台资源为高校思政教育注入了新的活力和动力。它丰富了教学内容的呈现方式，提供了更为灵活的学习时间和地点，促进了教学的互动和交流。因此，在思政教育的实践中，应充分利用和发挥网络教学平台资源的作用，不断完善和创新教学模式，推动思政教育的持续发展。

二、数字技术与高校思政课教学融合的发展历程

时代发展驱动着教育的改革创新，数字化时代高校思政课教学改革紧跟数字技术迭代发展。回顾发展历程可以看出，数字技术在高校思政课教学中的应用总体上呈现叠加发展态势，并表现出从封闭到开放再到立体、互动融合的阶段性特征。

（一）以课程为中心的封闭式融合阶段

20 世纪 90 年代中期，中国高校思政课教学领域开始了数字技术的应用实践，这标志着教育信息化改革在这一领域的起步阶段。当时，中国的教育改革先行者们意识到，在现代信息技术的支持下，有可能改善教学过程，使其更贴近未来的教育理念。相关决策部门也因此启动了中国教育信息化改革的实践。同时，高校思政教育工作者也积极开始尝试将数字技术应用于思政课的教学中。

在那个时期，数字技术处于起步阶段，主要以传统互联网（即 PC 互联网，Personal Computer Internet）的形式存在。在这种背景下，早期思政课教学与数字技术的接触主要体现在引入计算机辅助教学（Computer-Aided Instruction，CAI）系统，为课堂教学提供新的支持载体。然而，由于多媒体教学设施的普及

率较低，以及教师在教学理念和数字技术素养方面的欠缺，高校思政课对数字技术的应用非常有限，其所起到的教学效果也十分有限。

在这个封闭式融合阶段，思政课教学的数字化应用受到了诸多限制和挑战。教学设施不完善，教师的数字技术素养不足，以及数字技术整体水平的限制，都成为制约因素。因此，尽管开始尝试将数字技术引入思政课教学，但实际上却难以充分发挥其潜力。

（二）以资源为中心的开放式融合阶段

21世纪初期，随着 PC 互联网的普及，中国的网信事业和教育信息化改革得到了双重加速，引发了对开放式教学的更多关注。高校开始重视构建更加开放的教学媒介平台和资源体系，以支持教学的数字化应用。2002年，《教育信息化"十五"发展规划（纲要）》提出了建设教育信息化平台环境和资源体系的任务，要求高校建立分布式的教育资源平台环境，并开发高等教育的数字化教学资源，其中的重点在于整合和共享优质教学资源，以提升课程教学质量。在这一阶段，开放共享成为数字技术的基本特征，也是课程教学与数字技术融合的重要优势之一。

在资源为中心的开放式融合阶段，更多关注于课程资源的信息化和网络化建设。例如，2005年高校思政课"05方案"提出了信息化改革的部署，明确提出了组织制作"精彩一课"、多媒体课件，以及建设高校思政课资料数据库等具体举措。此外，最具代表性的是2013年教育部启动的精品课程建设项目。该项目的目的和原则明确，即以信息化为龙头带动教育现代化。国家精品课程荣誉称号的有效期为5年，在此期间课程内容按规定上网并向全国高校免费开放。

这一时期的教育信息化改革更加注重资源的整合和共享，以及对教学内容的数字化和网络化建设。通过开放共享优质教学资源，不仅提升了课程教学的质量，还促进了教育现代化的进程。在这种开放式融合阶段，数字技术与思政课教学的融合应用进入了一个新的阶段，为教育的进步和发展提供了有力支持。

（三）以知识为中心的立体式融合阶段

21世纪第二个十年是移动互联网逐渐兴起的时期，手机、个人计算机等移动设备开始进入校园。这一时期的特点是联网端口的可移动性，使得学习变得即时即地成为可能。移动互联网的兴起进一步激活了数字技术与教育的融合形态，以受教者知识习得为中心，便捷灵活、开放互动的线上线下复合教学广泛兴起。决策部门也开始规划数字技术与教学融合的发展战略，例如，2012年教育部颁布的《教育信息化十年发展规划（2011—2020）》首次提出了"信息技术与教育融合"的概念，并将数字技术与教学融合发展列为国家教育信息化发展的战略目标。

在思政课教学领域，自党的十八大以来，推动思政课教学与数字化技术融合的要求在中央顶层设计中屡次被强调。2017年颁布的《高校思政工作质量提升工程实施纲要》再次明确要求"推动思想政治工作传统优势同信息技术高度融合"。在这一阶段，融合应用的一个典型形式是"思政微课"。借助移动互联网的深度连通，这种知识聚焦、内容精深、形式生动的教学方式迅速兴起。2012年被业内称为"中国微课元年"，包括思政课在内的高校课程教师积极尝试应用这种新的知识传授形式。在此形势下，2012—2013年间，教育部组织举办首届全国高校微课教学比赛，大量思政微课参与此次比赛，其中"马克思关于共产主义的理论""促进人与自然的和谐"等思政微课斩获一、二等奖。移动互联网驱动的快速、广泛传播，使得优秀课程资源能更便捷地走出校门，实现真正意义上的知识共享，"思政慕课（大型开放式网络课程）"建设也开始"风生水起"。

在以知识为中心的立体式融合阶段，移动互联网的兴起和数字技术的发展推动了教育模式的变革，使得教学更加灵活、开放、多样化。这一阶段教育部门和高校积极响应，推动思政课教学与数字化技术融合，以满足新时代教育需求，促进教育的现代化和信息化。

（四）以学生为中心的互动式融合阶段

近年来，随着技术的不断迭代更新，数字技术在思政课教学中扮演着越来越重要的角色。新兴的云计算、大数据、物联网以及人工智能等技术的出现，推动着思政课教学朝着智能化的方向发展，各种形态的智能化学习环境应用也随之成为可能。2017年，国务院发布了《新一代人工智能发展规划》，明确提出在教育领域要加速人工智能的创新应用，建立以学习者为中心的教育环境。2018年，《教育信息化2.0行动计划》进一步强调了以学习者为中心的智能化教学支持环境的建设，旨在推动数字技术融入教育全过程，构建智能化教育和人才培养的全流程应用模式。从这些顶层设计来看，智能化教育的发展已经开始系统化推进，为未来教学改革奠定了基础。

人工智能技术本身具有融合的本质，可以在与各种社会应用相融合中赋能实践主体。在实践中，AI思政课教学创新正在各地被积极探索、应用和发展。例如，北京理工大学探索建设的"思政课智慧课堂"利用智能手机、VR一体机等终端设备实现思政课智能场景教学和个性化学习，同时能够通过实时跟进课堂大数据分析来动态改进教学质量，初见成效。江西理工大学则依托苏区红色资源，借助智能设备在思政课教学中开展"VR+红色教育"，为学生提供沉浸式的"红色"学习体验。在面向AI数字时代的思政课教学中，技术应用将更加注重以学生为中心的深度融合发展和改革创新。

在以学生为中心的互动式融合阶段，智能化教育场景为多样性、高质量、互动式、个性化定制的思政教育和人才培养模式提供了有效支持。总体来看，伴随着数字技术的快速演进和升级，思政课教学领域经历了从工具、媒介到生态不断深化融合的发展历程。在这一过程中，数字技术不仅改变着教师教学和学生学习方式，也在重塑着思政课教学模式，为教育的现代化和信息化发展注入了新的动力。

三、数字技术与高校思政课教学的融合效应

科技改变教育，二十多年的高校思政课教学信息化发展历程表明，将数字技术应用于思政课教学之中，具有明显的内外在融合效应和进一步推动数字技术与思政课教学深度融合的重要动力。

（一）有机融合的生态效应

从教育生态学的视域看，数字技术与高校思政课教学相融合外在可以建构高校思政课教学外部有机生态系统，具有生态效应。所谓生态效应，本义指人类社会生产、生活活动对自然环境造成的影响以及变化的环境对人类社会活动的影响。实际上，教育生态分析以注重有机联系、突出系统价值和强调动态过程、追求持续发展的理念来审视教学与环境的关系。由此，数字技术与高校思政课教学融合的生态效应，意味着数字技术环境的变化必然影响思政课教学现状。高校思政课教学依赖于社会的普遍物质基础和技术条件，并且数字技术环境变化对思政课教学的影响是不均匀且动态发展的。

1. 从教育生态学的视角看数字技术与高校思政课教学的有机融合

从教育生态学的角度来看，数字技术与高校思政课教学的融合不仅是技术与教学的结合，更构建了一个外部有机生态系统，产生了生态效应。生态效应最初是指人类社会活动对自然环境的影响以及环境对人类社会活动的反馈。在教育生态学中，生态效应强调了教学与环境之间的有机联系、系统价值和动态过程，追求持续发展的理念，这种观点逐渐被应用于数字技术与高校思政课教学的关系分析中。因此，数字技术与高校思政课教学融合的生态效应意味着数字技术环境的变化必然会影响思政课教学现状，这种影响是不均匀且动态发展的。

第一，外部技术生态环境的变化对思政课教学提出了新的要求。随着人类社会的网络化进程，数字技术不仅构建了新的数字化学习空间，还塑造了新的受教群体，这给思政课教学带来了根本性挑战。当今大学生成长于高密度的数字技术环境中，他们被手机、电脑、虚拟游戏等数字设备所包围，信息互联成为他们生活的一部分。这种环境的改变影响了学生的思考方式和知识处理能力。因此，作为直接影响学生思想的课程，思政课需要及时适应这种环境变化，才能保持其教育效果。如果思政课教学不能及时响应数字技术环境的变化，就有可能落后于时代发展，甚至被淘汰。

第二，思政课教学的发展也受到社会物质技术环境的影响。由于思政课教学内容的严肃性和抽象性，传统的教学方法难以吸引学生的注意力和激发兴趣，长期以来，思政课教学一直面临着吸引力不足和有效性不够的挑战。因此，思政课教学必须适应数字技术的特点进行改革和创新，以满足学生的需求。教师可以引入先进的数字技术，创新教学方式和方法，创造更具吸引力和实效性的教学环境，从而提升思政课教学的质量和水平。

数字技术与高校思政课教学的有机融合产生了生态效应，这种融合不仅要求思政课教学及时适应数字技术环境的变化，还提供了改进教学方式和方法的可能性，为提高思政课教学质量和整体效果提供了重要途径。

2. 数字技术与思政课教学的有机融合促进了教育生态系统的发展

数字技术与高校思政课教学的有机融合不仅对教育教学产生了影响，也对整个教育生态系统产生了深远的影响。这种有机融合为教育生态系统的发展带来了新的机遇和挑战。

第一，数字技术与思政课教学的有机融合丰富了教育资源，提升了教学质量。通过数字技术，教师可以获取更丰富的教学资源，包括优质的课件、多媒体教学资料以及在线教学平台资源等。这些资源的丰富和多样化为思政课的教学提供了更多的选择和可能性，使得教学内容更加生动直观、易于理解。同时，数字技术的应用也促进了教学的个性化和差异化发展，满足了不同学生的学习需求，提升了教学的针对性和有效性。

第二，数字技术与思政课教学的有机融合促进了教学模式的创新和教学方法的改进。传统的思政课教学往往以教师为中心，注重知识的灌输和传授，学生的参与度和主动性有限。而数字技术的引入使得教学更加互动式、探究式，学生可以通过在线讨论、互动课堂等方式积极参与到教学中来，从而增强了学生的学习动力和学习效果。例如，利用在线平台进行讨论和交流，学生可以分享自己的看法和思考，扩展了课堂教学的广度和深度。

第三，数字技术与思政课教学的有机融合也推动了教学评价方式的创新。传统的思政课教学评价往往以考试为主，注重学生对知识的记忆和理解，但很难全面评价学生的思维能力、创新能力和综合素养。而数字技术的应用使得教学评价更加多样化和全面化，可以通过在线测验、作业提交、项目报告等方式对学生的综合能力进行评价，更好地反映学生的学习情况和水平。

总的来说，数字技术与思政课教学的有机融合促进了教育生态系统的发展，丰富了教学资源，创新了教学模式，提升了教学质量，推动了教学评价的改进。这种融合不仅使得思政课教学更加符合时代发展的需要，也为教育的可持续发展提供了新的路径和动力。

（二）有效融合的功能效应

就技术与教育互动关系而言，数字技术不是强加给思政课教学的外在之物，而是渗透到思政课教学的各个领域与各个环节，逐渐内化为课程教学的有机组成部分并发挥有效的功能效应。

1. 活化思政课教学行为

数字技术的融入为思政课教学活动带来了活力和创新，使得教师在教学方式上有了更多元、更灵活的选择。传统的思政课教学往往以教师为主导，学生为被动接受者，教学内容主要通过课堂讲授和教材阅读进行传递，教学行为相对单一。然而，随着数字技术的不断发展和应用，思政课教学行为逐渐呈现出多样化和活跃化的趋势。

第一，多媒体课件和电子教案的应用使得教师能够更加生动地呈现教学内容。通过多媒体技术，教师可以借助图片、音频、视频等形式丰富教学资源，使得教学内容更加直观、生动。例如，教师可以通过播放视频展示历史事件的重要片段，或者通过图片展示社会现象，激发学生的思考和讨论。电子教案的使用也使得教师能够更加方便地准备和调整教学内容，提高了教学效率和质量。

第二，智能化教学场景的应用进一步拓展了思政课教学的可能性。随着人工智能技术的发展，智能化教学场景应用逐渐成为思政课教学的新趋势。例如，基于智能手机、虚拟现实技术等设备构建的智能化教学场景可以为学生提供更加沉浸式的学习体验，使得学生能够身临其境地感受历史事件、社会问题等，从而更加深入地理解和思考。同时，智能化教学场景也为教师提供了更多的教学工具和资源，使得教学过程更加便捷和高效。

2. 深化思政课教学关系

在数字技术的支持下，思政课教学关系得到了深化和拓展。传统意义上，思政课教学往往受限于课堂的时空，教师与学生之间的交流互动有时受到时间和空间的限制。然而，随着数字技术的应用，这种限制被逐渐打破，课堂教学关系变得更加丰富和便捷。

首先，数字技术提供了更加便捷和快速的交流互动方式，使得教师与学生之间的联系更加紧密。通过网络平台、社交媒体等工具，教师可以随时随地与学生进行沟通和交流，分享思想观点、解答疑问、布置任务等。这种即时的交流互动不仅拉近了教师与学生之间的距离，也促进了教学内容的深入理解和探讨。

其次，数字技术可以将历史人物、社会现象等具体内容以更加生动形象的方式呈现给学生。通过声音、图像甚至虚拟现实技术，教师可以将抽象的思想理论知识与具体的社会现实相结合，使学生能够更加直观地感受和理解所学内容。例如，通过播放历史人物的演讲录音或者展示相关图片、视频，学生可以更加深入地了解历史事件的背景和意义，增强了他们对知识的实践性认识。

最后，数字技术可以帮助学生将课堂所学知识与社会实践相结合，指导和规范他们的社会行为。通过参与线上讨论、社交媒体互动等方式，学生可以运用所学的思想理论知识来分析和解决社会问题，从而更好地融入社会，积极参与社会实践活动。这种实践性的学习过程不仅拉近了学生与社会的关系，也培养了他们的社会责任感和创新能力。

3. 细化思政课教学内容

联网教学设备的应用为思政课教学内容的细化提供了新的可能性和丰富性。通过这些设备，教师可以在课堂上补充丰富的实践素材，从而使教学内容更加生动、具体。同时，学生也可以利用各种智能化学习终端获取海量的课程相关学习资料，这进一步拓展了思政课的教学边界，丰富了课程的内容范围。

在数字技术的支持下，学习不再局限于对既有知识的被动获取，而是涵盖了学习者练习、利用原有知识发展新知识的活动。教师和学生可以借助数字技术针对具体的实践场景，开展开放、及时、有效地练习和应用课程教学内容的活动。这种实践性学习的过程不仅有助于加深对知识的理解和掌握，也提供了更多的机会去探索和构建新的学习内容。

例如，教师可以通过在线视频、互动课件等方式，将课堂内容与实际案例相结合，让学生通过观看案例、分析问题、提出解决方案等方式，积极参与思政课的学习和探索。同时，学生也可以利用网络资源，通过在线讨论、合作项目等方式，深入探讨课程内容，共同建构新的学习知识。

4. 实化思政课教学效果

思政课教学的效果评估需要综合考量其在知识传授和意识形态教化方面的成效。除了简单地评估学生对知识的掌握情况外，还应关注知识所蕴含的思想、价值观是否真正深入学生心中，是否能够引导学生形成正确的思想观念和积极的社会价值观。数字技术在此过程中扮演着重要的角色，尤其是课程大数据分析工具的应用，能够为教师提供更为精准的教学设计和实施，从而加强思政课教学的渗透力，提高教学的接受度和效果。

通过数字技术的支持，教师可以更加有针对性地设计和开展思政课教学活动。利用大数据分析工具，教师可以对学生的学习情况进行全面、系统地分析，了解学生的学习动态和状态，包括他们对课程内容的理解程度、学习兴趣、思想态度等方面。这样的信息反馈能够帮助教师及时调整教学策略，针对性地加强对学生的引导和教育，从而提高思政课教学的有效性和针对性。

此外，数字技术还可以提供更多元化的教学手段和资源，丰富思政课教学的内容和形式。教师可以通过在线讨论、虚拟实验、多媒体资料等方式，激发学生的学习兴趣，促进思政课教学效果的提升。通过数字化的教学平台，学生可以随时随地获取到丰富的学习资源，加深对课程内容的理解和掌握，从而提高思政课教学的实效性和吸引力。

第二节　网络化课程内容制作

一、需求分析与课程规划

（一）需求分析

1.学生群体特点分析

在进行网络化课程内容制作之前，深入了解目标学生群体的特点至关重要。学生群体的特点涵盖了多个方面，其中包括年龄、学习水平、专业背景等因素。首先，年龄是一个重要的考量因素，因为不同年龄段的学生可能具有不同的学习需求和心理特点。比如，大一新生通常对思政课程的理解和接受程度可能会与大四学生存在明显差异。其次，学习水平是另一个需要考虑的因素。学生的学习水平可能因个体差异和学科特点而有所不同，有些学生可能具有较高的学术能力和学科理解能力，而另一些则可能需要更多的支持和指导。最后，学生的专业背景也是至关重要的。不同专业背景的学生可能对思政课程的理解和接受程度存在差异，工科生可能更注重实践性和技能培养，而文科生可能更关注思想性和理论性。

2.学习需求分析

了解学生对思政课程的学习需求是设计网络化课程内容的重要前提。学生的学习需求包括多个方面，其中包括他们对思想政治教育的认识水平、对课程内容的兴趣程度以及对知识和技能的需求等。

第一，了解学生对思想政治教育的认识水平至关重要。不同学生在接受思政教育方面可能存在差异，有些学生可能对思想政治教育有较深入地理解，而另一些学生可能对此了解较少。因此，针对不同认识水平的学生，需要设计相应的教学内容，以满足其学习需求。

第二，了解学生对课程内容的兴趣程度也是至关重要的。学生的兴趣程度直接影响其对课程的投入和学习效果。因此，教师需要根据学生的兴趣点和偏好，设计生动、吸引人的课程内容，以提高学习的积极性和主动性。

第三，了解学生对知识和技能的需求也是必不可少的。思政课程不仅要传授知识，还要培养学生的思想品德、价值观念和社会责任感等方面的能力。因此，教学内容需要结合学生的需求，注重知识与能力的结合，以促进学生全面发展。通过调查问卷、个别访谈等方式，可以获取学生的学习需求信息，从而为网络化课程的内容设计提供有力支持，提高教学质量，满足学生的学习需求，促进其思想政治教育水平的提升。

3. 课程目标分析

课程目标的明确界定是网络化思政课程设计的核心任务之一。这些目标不仅是为了传授知识和培养技能，更重要的是为了提升学生的思想政治素养。在确定课程目标时，需要综合考虑教育部门的指导方针、学校的教育理念以及学生的需求，以确保课程的针对性和有效性。

第一，课程目标应明确反映出对学生知识和能力的培养要求。这包括掌握思想政治理论知识、提高分析问题和解决问题的能力、培养批判性思维和创新能力等。通过网络化课程的设计与实施，学生应当能够系统掌握相关理论知识，并能够将其运用到实际问题中去，形成较为完整的学科体系。

第二，课程目标还应突出对学生思想政治素养的提升。这包括培养学生的社会责任感、民族精神、国家观念以及法治意识等方面的素养。通过网络化思政课程的学习，学生应当能够自觉树立正确的思想政治观念，增强爱国主义情感，增强社会责任感和法治意识，为成为有理想信念、道德品质、文化素养和科学精神的社会主义建设者和接班人打下坚实基础。

（二）课程规划

1. 课程设置

在制定网络化思政课程的整体设置时，需要充分考虑学生的学习需求、课程的特点以及教学资源的利用情况，以确保课程内容的科学性、系统性和实用性。一个合理的课程设置应该包括以下几个方面的考虑。

第一，课程模块划分。思政课程可以根据其内容和学习目标划分为不同的模块，以便学生有针对性地进行学习。例如，可以将思政课程划分为理论教学模块、案例分析模块、思辨讨论模块等。在理论教学模块中，学生可以系统地学习马克思主义理论和中国特色社会主义理论体系；在案例分析模块中，学生可以通过分析实际案例来理解和应用所学理论知识；在思辨讨论模块中，学生可以就当前社会热点问题展开深入的思考和讨论，培养批判性思维和创新能力。

第二，学时安排。针对每个模块的学习内容和学习目标，需要合理安排学时，以确保学生有足够的时间进行学习和思考。在学时安排上，应充分考虑到学生的学习负担和学习效果，避免出现学时过多导致学生学习压力过大或学时过少导致学生学习不足的情况。同时，还应考虑到学生的学习习惯和节奏，合理安排课程的学习周期和节奏，使学生能够在适当的时间内完成学习任务，并保持学习的连贯性和稳定性。

第三，教学方法。网络化思政课程的教学方法应该多样化和灵活化，以适应学生的不同学习方式和学习需求。除了传统的讲授和演示外，还可以采用案例分析、小组讨论、网络互动等教学方法，以激发学生的学习兴趣，提高教学效果。例如，在案例分析模块中，可以通过呈现具体案例和问题，引发学生的思考和讨论；在思辨讨论模块中，可以通过设置网络辩论或论坛，让学生展开观点交流和辩论，培养学生的批判性思维和表达能力。

2.教学目标

在明确思政课程的教学目标时，需要全面考虑知识传授、思想引导和价值观培养等方面，以确保学生在学习过程中获得全面地成长和发展。具体而言，思政课程的教学目标可以从以下几个方面进行描述。

第一，知识传授是思政课程的基本任务之一。教师应当向学生传授马克思主义理论和中国特色社会主义理论体系的基本知识，包括马克思主义的基本原理、毛泽东思想、中国特色社会主义理论体系等内容。通过系统的理论学习，学生能够全面了解马克思主义的世界观、方法论和价值观，增强对社会主义核心价值观的认识和理解。

第二，思想引导是思政课程的重要内容之一。教师应当引导学生认识和思考社会现实中的重大问题，如社会主义建设中的矛盾与问题、改革开放中的挑战与机遇等，帮助学生树立正确的世界观、人生观和价值观。通过对思想观念的引导，学生能够逐步形成正确的政治立场和价值取向，增强对社会发展的责任感和使命感。

第三，价值观培养是思政课程的终极目标之一。教师应当通过教学活动，培养学生的社会责任感、民族责任感和时代责任感，引导学生树立正确的社会主义核心价值观，增强对国家和人民的忠诚与热爱。通过价值观的培养，学生能够自觉践行社会主义核心价值观，积极投身于国家建设和社会发展的实践中。

3. 内容结构

在设计思政课程的内容结构时，需要考虑如何确保内容的逻辑性和连贯性，以帮助学生系统地学习和理解课程内容。一个合理的内容结构应该包括以下几个方面。

第一，明确课程的核心主题和目标。在设计课程内容结构之前，需要明确思政课程的核心主题和教学目标。例如，思政课程的核心主题可能包括马克思主义基本原理、中国特色社会主义理论体系、社会主义核心价值观等，教学目标可能包括传授相关知识、引导学生思考和培养学生的价值观等。

第二，分层次、分主题地组织课程内容。针对不同的主题和层次，可以将课程内容进行分层次和分主题地组织。例如，可以将思政课程内容分为基础知识、理论分析、案例研究等不同的主题，然后在每个主题下进一步细分相关内容，确保学生能够系统地学习和理解课程内容。

第三，采用多种教学方法和手段。为了提高教学效果，可以采用多种教学方法和手段，例如讲课、讨论、案例分析、小组活动、实地考察等。通过多种教学方法和手段的组合应用，可以激发学生的学习兴趣，增强他们的参与度和学习效果。

第四，注重内容的更新和实践应用。随着社会的不断发展和变化，思政课程的内容也需要不断更新和完善。因此，在设计课程内容结构时，需要注重内容的更新和实践应用，及时引入新的理论成果和社会热点问题，使课程内容具有更强的时代性和针对性。

二、内容设计与资源准备

（一）内容设计

1.教学大纲设计

教学大纲是思政课程设计的基础，它承载了课程的整体目标、内容、教学方法和评价方式。一个清晰、详尽的教学大纲能够指导教师在课堂上有序地进行教学活动，保证教学的质量和效果。

教学大纲的设计应当具体而详尽，包括以下几个方面。

（1）课程目标和目标体系

教学大纲应明确课程的总体目标和各个学习单元的具体目标。这些目标应该是可衡量的，能够指导学生在课程学习过程中的学习方向和目标。例如，课程的总体目标可能是培养学生的思想品德和社会责任感，而各个学习单元的目标则可能涉及相关理论知识的传授、价值观念的引导等方面。

（2）课程内容和结构

教学大纲应当详细说明课程的内容和结构，包括各个学习单元的主题、内容要点以及学习顺序等。课程内容应当围绕核心主题展开，结构清晰，便于学生理解和掌握。同时，要考虑到学生的学习水平和兴趣，合理安排课程内容，确保内容的连贯性和逻辑性。

（3）教学方法和手段

在教学大纲中，应当明确采用的教学方法和教学手段，以及它们在不同学习环节的运用方式。教学方法可以包括讲授、讨论、案例分析、小组活动、实地考察等，教学手段可以包括多媒体课件、教学视频、在线互动等。教学方法和手段的选择应当根据课程内容和学生的学习需求来确定，以提高教学效果和学生参与度。

（4）评价方式和标准

最后，教学大纲应当明确课程的评价方式和评价标准，以便对学生的学习情况进行及时、全面的评估。评价方式可以包括考试、作业、论文、课堂表现等，评价标准应当具体明确，能够客观公正地评价学生的学习成绩和水平。

2.课程大纲设计

在教学大纲的基础上，进一步设计课程大纲是为了更加详细地说明每个教学单元的内容、学习目标和学习任务。课程大纲的设计要求逻辑清晰、具体明确，能够帮助学生理解课程的整体架构和学习重点。

一个典型的课程大纲设计应包括以下几个方面。

（1）学习单元划分

课程大纲应当根据教学大纲确定的课程结构，将课程内容进一步细化为若干个学习单元。每个学习单元可以对应一个主题或一个教学模块，包括相应的学习目标和学习任务。

（2）学习目标和任务

对于每个学习单元，课程大纲应当明确学习目标和学习任务。学习目标应当具体而明确，能够指导学生在学习过程中的学习方向和目标；学习任务应当具体明确，能够帮助学生实现学习目标。

（3）学习内容和资源

在课程大纲中，应当详细说明每个学习单元的学习内容和学习资源，包括教材阅读、课堂讲授、案例分析、作业任务等。教学资源的选择应当与学习目标和任务相匹配，以便学生能够有效地获取相关知识和信息。

（4）学习活动和评价

课程大纲应当明确每个学习单元的学习活动和评价方式。学习活动可以包括课堂讨论、小组合作、实践任务等，评价方式可以包括考试、作业、项目评估等。学习活动和评价方式的设计应当与学习目标和任务相一致，以提高学生的学习效果和参与度。

（二）资源准备

1.文字资料

文字资料是思政课程教学的基础，它包括教材、学术论文、专业书籍等。这些资料应当具有权威性和可靠性，能够为课程内容的教学和学习提供支持和指导。

教材是思政课程教学的主要依据，教师可以根据教材内容进行课堂讲解和讨论。此外，还可以收集一些与课程主题相关的学术论文和专业书籍，用于教学辅助和学生深入学习。这些文字资料应当经过筛选和整理，确保其与课程内容的契合度和学术价值。

2. 图片资源

图片资源在思政课程的教学中具有重要作用，它可以生动直观地展现课程内容，吸引学生的注意力，增强他们的理解和记忆。因此，教师应当搜集与课程主题相关的图片资源，并加以整理和分类。

这些图片资源可以包括历史事件的图片、社会现象的图片、名人名言的图片等。教师可以将这些图片制作成 PPT 或课件，用于课堂演示和教学辅助，帮助学生更好地理解和掌握课程内容。

3. 视频资源

视频资源是思政课程教学中的重要辅助手段，它可以为学生提供丰富的视听体验，增强他们的学习兴趣和参与度。教师可以准备一些与课程主题相关的视频资源，包括专题讲座、教学演示、历史片段等。

这些视频资源可以通过网络平台或多媒体设备进行播放，用于课堂展示和讨论。通过观看视频，学生可以更直观地了解课程内容，加深对知识点的理解和记忆。

三、课程实施与反馈修正

（一）课程实施

1. 在线教学平台选择

选择适合的在线教学平台是课程实施的第一步。在当前，有许多在线教学平台可供选择，如 Moodle、Canvas、Blackboard 等。教师应根据自身的教学需求和学生的学习习惯，选择最适合的平台进行课程实施。这些平台提供了丰富的功能和工具，如在线课程管理、作业提交、讨论区、视频会议等，能够有效支持教学活动的开展。

2. 课程发布与学习任务安排

在选定了在线教学平台后，教师需要将课程内容发布到平台上，并安排学习任务和作业。课程内容可以按照模块化的方式呈现，便于学生逐步学习和掌握。教师应当清晰地说明每个学习模块的学习目标、内容要点和完成任务的要求，以帮助学生理解课程结构和学习重点。

在安排学习任务时，教师可以结合课程内容和教学目标，设计不同类型的任务，如阅读文献、观看视频、参与讨论、完成作业等。同时，教师还应根据学生的学习进度和能力，合理安排任务的难度和时间，确保学生能够按时完成并达到预期的学习效果。

3. 在线学习活动组织

在线教学平台为教师提供了丰富的工具和功能，可以组织各种形式的在线学习活动。教师可以利用平台的讨论区、在线会议等功能，组织学生进行在线讨论、小组合作、课堂互动等活动。通过这些活动，可以促进学生之间的交流和合作，激发学生的学习兴趣和动力，提高学习效果和效率。

（二）反馈修正

1. 学生学习反馈收集

教师应定期收集学生的学习反馈和评价意见，以了解他们对课程内容、教学方法、学习体验等方面的看法。收集学生的反馈可以通过多种方式进行，如在线问卷调查、学习日志、课程评价等。通过这些方式，教师可以及时了解学生的学习情况和需求，为课程的调整和改进提供有力的依据。

2. 评估课程效果

根据学生的反馈意见和学习情况，教师应对课程的教学效果和学习成果进行评估。评估课程效果可以通过分析学生的学习表现、作业成绩、课程参与度等指标来实现。教师可以结合这些指标，全面评估课程的质量和效果，了解课程的优势和不足之处。

3. 课程调整与改进

根据评估结果，教师应及时对课程进行调整和改进。可能的调整包括修改课程内容、优化教学方法、调整学习任务等。通过及时地调整和改进，教师可以提高课程的适应性和有效性，满足学生的学习需求，提升课程的教学质量。

第三节 开放式教育资源共享

一、开放式教育资源的特点与优势

（一）开放式教育资源的特点

开放式教育资源具有以下几个显著特点。

1. 开放性与共享性

开放式教育资源的最显著特点之一是其开放性与共享性。这种资源基于互联网平台，为所有用户开放，不受地域、身份、时间等限制。任何人都可以免费或付费获取和利用这些资源。这种开放性不仅体现在资源的获取上，还包括对资源的使用和再创造。用户可以自由地分享、传播和修改这些资源，从而促进了知识的共享和交流。开放式教育资源的共享性使得教育资源能够更广泛地流通和应用，为教育的普及和提升提供了良好的条件。

2. 多样性与丰富性

开放式教育资源以其多样性和丰富性而闻名。它包括文字、图片、视频、音频等多种形式的内容，并覆盖了各个学科领域和不同层次的教学内容。这些资源涵盖了从基础知识到高级研究的广泛范围，内容丰富多样，能够满足不同学习者的需求。无论是学习者还是教育工作者，都能在开放式教育资源中找到适合自己的学习和教学内容，促进个性化学习和教学的实现。

3. 灵活性与自主性

开放式教育资源的灵活性和自主性使得学习者能够根据自己的学习需求和兴趣，在任何时间、任何地点通过互联网获取和利用这些资源。学习者可以自主选择学习的内容、学习的进度和学习的方式，不再受到传统教育形式的束缚。这种自主性促进了学习者的主动性和积极性，提高了学习效率和学习成果。同时，教育工作者也可以根据学习者的需求和反馈，灵活调整和更新教学资源，以更好地满足学习者的学习需求。

（二）开放式教育资源的优势

开放式教育资源具有以下几个显著优势。

1.促进教育公平

开放式教育资源的免费性和开放性为更多学习者提供了平等获取教育资源的机会，有助于弥补不同地区、不同群体之间的教育资源差距，促进教育公平。传统教育模式下，资源有限、获取成本高，容易造成教育资源的不均衡分配，而开放式教育资源的免费获取和共享意味着任何人都可以获得高质量的教育资源，无论其所处的地域、社会地位或经济条件如何，从而实现教育的普及和公平。

2.拓展学习渠道

开放式教育资源利用互联网平台，学习者无须受限于时间和空间的限制，可以随时随地通过电脑、手机等设备获取和利用这些资源，从而拓展了学习的渠道和机会。无论是在家里、在学校、在工作场所还是在旅途中，学习者都可以自由选择适合自己的学习时间和地点，从而更加方便地进行学习活动。这种灵活的学习模式使得学习成为一种随时可行的生活方式，为学习者提供了更多的学习机会和可能性。

3.个性化学习支持

开放式教育资源具有多样性和灵活性的特点，能够满足学习者个性化的学习需求，支持自主学习和个性化学习路径的构建。学习者可以根据自己的兴趣、能力和学习目标，自主选择学习的内容、学习的时间和学习的方式，从而更好地适应个人的学习节奏和风格。这种个性化学习支持有助于激发学习者的学习兴趣和动力，提高学习的效率和效果。同时，教育工作者也可以根据学习者的反馈和需求，灵活调整和更新教学资源，以更好地满足学习者的学习需求，实现个性化教育的目标。

二、高校思政教育中开放式教育资源共享的实践

在高校思政教育中，开放式教育资源共享的实践主要体现在以下几个方面。

（一）教材资源共享

1. 电子教材平台建设

在高校思政教育部门建立电子教材平台的实践中，体现了现代教育技术的运用和教育资源的共享化趋势。这一举措不仅对于提升思政教育的效果具有积极作用，同时也对教育的可及性和可持续性有着重要的促进作用。

第一，电子教材平台的建设使得思政教育更具现代化特色。传统的纸质教材虽然仍然在教学中占有重要地位，但随着信息技术的迅速发展，电子教材的使用逐渐成为一种趋势。通过电子教材平台，学生可以随时随地获取所需教材，不再受到纸质教材的限制，大大提高了教材的可及性和灵活性。

第二，电子教材平台的建设促进了思政教育资源的共享和开放。在传统教材的模式下，学校往往需要耗费大量的资源和人力物力来制作、印刷和发放教材，而电子教材平台的建设则能够将这些资源进行集中和共享，使得更多的学校和学生能够受益。同时，教育资源的共享也有利于促进不同地区、不同学校之间的资源均衡分配，缩小教育资源的差距，从而提高了教育的公平性和可及性。

第三，电子教材平台的建设为教学内容的更新和优化提供了便利条件。在传统纸质教材的模式下，教材的更新和改进通常需要经过一系列的程序和时间，而通过电子教材平台，教师和学者可以随时对教材内容进行修改和更新，使得教学内容始终保持新颖和时效性。此外，学校还可以根据教学需要，灵活地调整和补充教材内容，使其更加贴合教学实际和学生需求。

总的来说，电子教材平台的建设在推动思政教育的现代化、促进教育资源的共享和开放，以及提高教学内容的时效性和灵活性等方面发挥着重要作用。这一举措不仅对于提升思政教育的质量和效果具有重要意义，同时也为教育的可持续发展提供了新的路径和思路。

2. 资源整合与更新

在教材资源共享的实践中，不仅是将已有的教材进行共享，更重要的是鼓励教师和学者共同参与教材的编写和更新，以确保教材内容的时效性、质量和适应性。这一举措不仅为学生提供了更加丰富多样的学习资源，也促进了教学内容的不断更新和优化。

第一，教师和学者共同编写和更新教材可以保证教材内容的权威性和专业性。教材的编写需要具备丰富的学科知识和教学经验，而教师和学者往往是各个学科领域的专家和权威人士，他们参与教材的编写可以保证教材内容的准确性和科学性。同时，由于教师和学者对于学科的理解和认识可能存在差异，他们的共同参与可以为教材注入不同的视角和思想，使得教材更加全面和立体。

第二，教师和学者共同编写和更新教材有助于提高教材的时效性和适应性。随着社会的发展和科技的进步，学科知识和教学方法也在不断更新和演变，传统的教材可能无法及时反映最新的研究成果和教学理念。通过教师和学者的共同努力，可以及时对教材内容进行更新和修订，使之保持与时俱进。同时，教师和学者在编写教材时可以根据学生的学习需求和教学实际进行调整和优化，使得教材更加符合学生的学习需求和教学目标。

第三，教师和学者共同编写和更新教材可以促进教学资源的整合和优化。教师和学者在教学实践和科研工作中积累了丰富的教学资源和学术成果，通过共同编写和更新教材，可以将这些资源进行整合和优化，形成丰富多样的教学资源库。这不仅为学生提供了更多选择，也为教学活动的开展提供了更多支持和保障。

（二）在线课程资源共享

1. 开放式在线课程平台

开放式在线课程平台的建立为高校思政教育带来了全新的发展机遇和教学模式。这一平台将思政教育课程制作成在线课程，通过互联网进行共享，为学生提供了更加便捷和灵活的学习途径。这种教学模式的实践不仅在理念上突破了传统教育的时空限制，也在实践中为学生的学习提供了更多的可能性和便利性。

第一，开放式在线课程平台实现了教育资源的共享和开放。传统的教育模式受限于教室容量、教师数量等因素，导致部分学生无法获得优质的教育资源。而通过在线课程平台，学生可以在任何时间、任何地点通过互联网获取到优质的教育资源，不再受制于时间和空间的限制，真正实现了教育资源的共享和开放。

第二，开放式在线课程平台促进了个性化学习和自主学习。传统的教学模式往往是由教师主导，学生被动接受知识。而通过在线课程平台，学生可以根据自己的学习需求和兴趣选择合适的课程进行学习，可以自主安排学习时间和学习进度，实现个性化学习的目标。

第三，开放式在线课程平台拓展了教学的边界和形式。在传统的教学模式下，教学往往局限于教室内的授课和学习。而通过在线课程平台，教学可以更加多样化和灵活化，可以采用视频、音频、图文等多种形式进行教学，也可以结合在线讨论、互动问答等方式进行学习活动，为学生提供了更加丰富和生动的学习体验。

2. 多样化课程内容

在构建多样化课程内容方面，思政教育部门积极开展了丰富多彩的实践，以满足不同学习者的需求和兴趣。这种多样化的课程设计不仅丰富了思政教育的内容，也提升了学生的学习体验和实用性。

第一，多样化课程内容突破了传统的思政理论教育范畴，拓展了教育领域的边界。除了传统的思政理论课程外，还包括案例分析、思辨讨论、社会实践等多种形式的内容。例如，在案例分析课程中，学生可以通过分析真实的社会案例，深入了解社会现实和问题，并进行思辨和讨论，培养批判性思维和解决问题的能力。这种实践性强、针对性强的课程设计能够更好地激发学生的学习兴趣，提高课程的实用性和吸引力。

第二，多样化课程内容考虑了学生个体差异和学习需求，实现了个性化学习的目标。每位学生的学习方式、兴趣爱好和认知水平都不尽相同，因此，多样化课程设计可以更好地满足学生的学习需求。通过不同形式的课程内容，学生可以选择适合自己的学习方式，自主探索和发展，从而更好地实现个性化学习和自主学习的目标。

第三，多样化课程内容也促进了跨学科的交叉融合和知识整合。思政教育部门将不同学科领域的知识与思政理论相结合，创新性地设计了跨学科的课程内容，例如结合文学、历史、艺术等领域的内容进行思政教育。这种跨学科的课程设计有助于拓宽学生的知识视野，增强他们的综合素养和综合能力，培养具有全面发展和综合素质的人才。

（三）学术资源共享

1. 学术论文交流平台

学术论文交流平台的建立是高校思政教育领域的一项重要举措，它为教师提供了一个开放、共享的学术交流平台，有助于促进学术研究的合作与发展。这种平台不仅为教师提供了展示个人研究成果的机会，也为他们搭建了与同行进行学术交流和合作的平台，进一步促进了思政教育领域的学术繁荣和进步。

第一，学术论文交流平台为教师提供了一个展示个人研究成果的窗口。在这个平台上，教师可以发布自己的学术论文、研究报告等研究成果，向同行展示自己的学术水平和研究成果。通过这种方式，教师可以获得更多的学术认可和尊重，提高个人学术声誉和影响力。

第二，学术论文交流平台促进了教师之间的学术交流与合作。在这个平台上，教师可以浏览和阅读其他教师发布的学术论文，了解同行们的研究方向和成果，从中获取灵感和启示。同时，教师们还可以在平台上进行学术讨论和交流，分享研究经验和方法，共同探讨学术问题，促进学术合作与交流。

第三，学术论文交流平台还为学术研究提供了更广阔的发展空间。通过这个平台，教师们可以发现和了解其他领域的研究成果，拓宽自己的研究视野，促进跨学科的学术交流与合作。这有助于推动学科交叉融合和学术创新，提高学术研究的质量和水平。

第四，学术论文交流平台也为学生提供了一个学习和借鉴的平台。学生可以通过这个平台了解到最新的学术研究成果和进展，拓宽自己的学术视野，提高学术素养和能力。同时，他们还可以从教师的学术论文中获取到丰富的学习资源，促进学术思维和能力的培养。

2. 教学资源库建设

教学资源库的建设对于高校思政教育的发展具有重要意义。它为教师提供了一个集中、便捷的平台，使他们能够获取和共享各种教学资源，从而提高了教学效率和质量。教学资源库的建设不仅涉及资源的收集和整合，还包括资源的管理、更新和共享机制的建立，下文将从这些方面进行扩展。

第一，教学资源库的建设需要进行资源的全面收集和整合。这包括教学课件、教学视频、案例分析等各类思政教育相关资源的搜集和整理。这些资源可以来自教师自己的教学备课、学术研究成果，也可以来自学校内外的教学资源共享平台、开放式在线课程平台等。通过将这些教学资源汇集到一个统一的平台上，可以实现资源的集中管理和统一调配，为教学工作提供了便利。

第二，教学资源库的建设需要建立健全的资源管理机制。这包括资源的分类、标注、存储和检索等方面的管理。资源需要按照学科、主题、类型等进行分类，并进行详细的标注和描述，以便教师能够快速准确地找到所需资源。同时，还需要建立资源的存储和备份机制，确保资源的安全性和可靠性。此外，还可以通过技术手段，如利用人工智能技术进行资源的智能化管理和推荐，提高资源的利用效率。

第三，教学资源库的建设需要建立资源更新机制。随着学科发展和教学需求的变化，教学资源也需要不断更新和完善。因此，需要建立起定期更新的机制，及时更新和补充资源，确保资源的时效性和质量。这可以通过设立专门的资源更新团队或委员会来实现，定期对资源库中的资源进行评估和更新，保持资源的新鲜度和有效性。

第四，教学资源库的建设需要建立资源共享机制。资源共享是教学资源库的核心价值所在，通过共享，可以最大限度地发挥资源的价值。教师可以将自己制作的教学资源上传到资源库中，与其他教师共享，也可以从资源库中获取其他教师分享的资源，用于自己的教学活动。资源共享可以促进教师之间的合作与交流，实现资源共建共享，进一步提升教学质量和水平。

第四节　信息技术下的教育评估与监管

一、信息技术在教育评估中的应用与意义

（一）信息技术的应用范围

1.数据收集与分析

信息技术在教育评估中发挥着重要作用，首先体现在数据收集与分析方面。通过信息技术，可以收集到各类教育数据。

（1）学生学习情况数据

学生学习情况数据是指学生在学习过程中产生的各种数据，包括但不限于学习成绩、考试表现、作业完成情况以及学习行为等信息。这些数据反映了学生在课堂内外的学习状态和表现，对于教育管理和教学改进具有重要的参考意义。

第一，学生的学习成绩是评价其学习水平和能力的重要指标之一。学习成绩通常包括平时成绩、期中成绩、期末成绩等，可以反映学生在不同时间段内的学习表现。通过分析学生的学习成绩，教师和学校可以了解学生的学习状况，及时发现学习中存在的问题，并采取相应的措施加以解决。

第二，考试表现也是评价学生学习情况的重要依据之一。学生在考试中的表现直接反映了其对所学知识的掌握程度和应用能力。考试成绩的分析可以帮助教师评价教学效果，检验教学质量，同时也可以为学生提供及时的反馈和指导，促进其学习进步。

第三，作业完成情况也是评价学生学习情况的重要数据来源。学生完成作业的情况可以反映其对课堂内容的理解和掌握程度，以及对学习任务的态度和责任心。通过分析学生的作业完成情况，教师可以了解学生的学习态度和学习动力，为其提供个性化的学习指导和帮助。

第四，学习行为数据也是评价学生学习情况的重要依据之一。学生的学习行为包括课堂参与情况、学习时间分配、学习资源利用情况等。通过监测学生的学习行为，教师可以了解学生的学习态度和学习方法，及时发现学习中存在的问题，并采取相应的措施加以引导和促进。

（2）教学资源利用情况数据

教学资源利用情况数据是指教师在教学过程中所使用的各种教学资源的具体使用情况和效果。这些教学资源包括教材、课件、视频、实验器材等，通过记录和统计这些数据，可以了解到教师在教学中如何利用这些资源，以及资源的使用情况对学生学习的影响。

第一，教学资源的利用情况数据可以反映教师在教学中对多种教学资源的运用情况。通过教学管理系统或者教学平台记录教师使用的教学资源，可以了解到教师在课堂上使用了哪些教材、课件或者其他教学辅助工具，以及这些资源的使用频率和时长等情况。这有助于评估教师在教学中的教学设计和实施情况，从而为教学改进提供依据。

第二，教学资源利用情况数据也可以帮助学校管理部门评估教学资源的有效性和质量。通过统计教学资源的使用情况，可以了解到哪些资源受到了教师和学生的欢迎，哪些资源使用效果较好，从而为学校的资源投入和更新提供参考。此外，还可以根据教学资源的使用情况，针对性地开展教师培训和教学资源的开发工作，提高教学质量和效果。

第三，教学资源利用情况数据也可以为学生提供更好的学习支持和指导。通过了解教师在教学中使用的教学资源，学生可以更好地了解到课程内容和学习重点，有针对性地进行学习准备和复习。同时，学校可以根据教学资源的使用情况，为学生提供更丰富和有效的学习资源，满足其学习需求和提高学习效果。

（3）教学效果评估数据

教学效果评估数据是对教学过程和结果进行评价和分析的重要依据，主要包括学生对教学的评价、教学成果的考核结果等内容。这些数据的收集和分析对于了解教学效果、评估教师的教学水平、改进教学方法以及提升教学质量都具有重要意义。

第一，学生对教学的评价是教学效果评估的重要组成部分之一。通过在线问卷调查、学生反馈系统等方式，收集学生对教学内容、教学方法、教师教学态度等方面的评价意见和建议。学生的评价可以客观反映出教学的优势和不足，帮助教师和管理者了解学生的学习体验和感受，从而及时调整教学策略，改进教学效果。

第二，教学成果的考核结果也是评估教学效果的重要数据来源。通过考试成绩、作业完成情况、课堂表现等方面的数据收集和分析，可以客观地评估学生对教学内容的掌握程度和学习成果。同时，还可以通过比较不同学生、不同班级或者不同教学方法下的成绩差异，评估教学效果的优劣，并为进一步改进教学提供参考。

第三，教学效果评估数据还可以用于评估教师的教学水平和教学质量。通过分析学生对教师的评价、教学成果的考核结果以及教学过程中的教学活动等数据，可以全面客观地评估教师的教学表现和教学效果，为教师的专业成长和教学改进提供有效支持。

2. 评估工具与平台

信息技术在教育评估中还支持着评估工具与平台的开发与应用。具体体现在以下几个方面。

（1）在线问卷调查系统

在线问卷调查系统作为一种重要的评估工具，在教育领域中发挥着重要作用。通过这种系统，评估者可以便捷地设计、发布和收集调查问卷，从而获取学生、教师或其他相关人员的意见和反馈。这种方式具有以下几个显著的特点和优势。

第一，便捷高效。在线问卷调查系统使得评估工作变得更加便捷和高效。评估者可以通过系统提供的模板或者自定义设计问卷，快速地生成符合需求的调查问卷，并通过网络平台进行发布。学生或教师可以通过电子设备随时随地填写问卷，无须受限于时间和空间，大大提高了数据的收集效率和及时性。

第二，数据量大且易于处理。在线问卷调查系统能够快速地收集到大量的数据，包括各种类型的回答、意见和反馈。这些数据可以自动化地存储在系统中，评估者可以方便地进行整理、分析和统计。同时，系统还提供了数据可视化的功能，可以将结果以图表、统计表等形式直观地展示，有助于评估者更好地理解和解读数据。

第三，保障了数据的准确性和匿名性。在线问卷调查系统通过电子化的方式进行数据收集，减少了人为因素的干扰，提高了数据的准确性和可信度。同时，系统可以保障参与者的匿名性，保护他们的个人信息和隐私，从而更好地激发他们的参与积极性，提高数据的真实性和可靠性。

第四，系统还具有灵活性和可定制性。评估者可以根据需要灵活地设计问卷内容和结构，满足不同评估目的和对象的需求。系统还支持多种问卷类型和问题类型的设置，如单选题、多选题、填空题等，能够更好地适应不同评估场景的需求。

（2）学习日志系统

学习日志系统作为学生记录学习过程和心得的重要工具，在教育评估中发挥着重要的作用。信息技术的支持使得学习日志系统的建立和管理更加便捷和高效。通过这种系统，学生可以在电子平台上记录他们的学习经历、体会、感悟以及遇到的问题和困惑。这些记录可以包括学习目标的设定、学习方法的探索、知识的积累、学习过程中的反思等内容。

第一，学习日志系统为学生提供了一个方便的记录平台。学生可以随时随地通过电子设备，如电脑、平板电脑或手机，登录学习日志系统，记录自己的学习情况和心得体会。相比于传统的纸质笔记，电子化的学习日志更加便捷，可以随时更新和编辑，而且可以存储在云端，不易丢失，方便学生随时查阅和回顾。

第二，学习日志系统促进了学生的自主学习和反思能力的培养。通过记录学习日志，学生被迫对自己的学习过程进行深入的思考和反思，总结学习经验，发现问题并寻求解决方案。这种反思性的学习有助于学生更好地理解和掌握知识，提高学习效果。同时，学习日志也是学生自主学习的重要体现，能够激发他们的学习兴趣和动力，培养其自主学习的能力和习惯。

第三，学习日志系统为教育评估者提供了重要的评估依据。教育评估者可以通过学生的学习日志了解他们的学习状态、学习动态和学习需求。通过分析学生的学习日志，评估者可以发现学生在学习过程中存在的问题和困惑，及时给予帮助和指导，调整教学策略，提高教学效果。同时，学习日志也是评估学生学习态度和自主学习能力的重要参考依据，能够全面客观地反映学生的学习情况和水平。

（3）智能化评估系统

智能化评估系统是信息技术在教育领域中的一项重要应用，其具有高度的智能化和自动化特征，对教育评估具有显著的意义和价值。这种系统基于先进的技术和算法，能够根据事先设定的评估指标和标准，自动对教育数据进行分析和评估，从而实现了教育评估的智能化和高效化。

第一，智能化评估系统通过大数据分析技术，能够快速有效地处理大量的教育数据。在教育领域，涉及的数据涵盖范围广泛，包括学生的学习情况、教师的教学效果、教学资源的利用情况等。传统的手工评估方法往往需要耗费大量的时间和人力进行数据的整理和分析，效率较低且易受主观因素的影响。而智能化评估系统可以通过先进的数据处理和分析技术，快速、准确地提取、汇总和分析大量的教育数据，为教育评估提供科学依据。

第二，智能化评估系统具有高度的自动化特征，能够实现对教育评估过程的自动化管理和执行。系统可以根据事先设定的评估指标和标准，自动提取相关数据，进行分析和评估，并生成评估报告。评估者可以通过系统的界面进行设置和监控，同时系统还可以提供实时的评估结果和反馈。这种自动化的评估过程不仅减轻了评估者的工作负担，提高了评估的效率，还减少了人为因素的干扰，提高了评估的客观性和准确性。

第三，智能化评估系统还支持个性化评估和定制化服务。系统可以根据不同的评估需求和场景，进行个性化设置和定制化设计，满足不同用户的特定需求。例如，针对不同类型的学校、不同层次的教育机构，可以提供相应的评估模型和指标体系；针对不同的教育目标和需求，可以提供个性化的评估方案和服务。这种个性化和定制化的评估模式，有助于更好地满足教育实践中的多样化需求，提高评估的针对性和有效性。

（二）信息技术在教育评估中的意义

1. 提升评估效率

信息技术的应用可以极大地提升评估效率。传统的教育评估通常需要大量的人力和时间，而信息技术可以实现评估过程的自动化和数字化。通过建立相应的信息系统和平台，评估者可以更加方便地收集、存储和处理评估数据，大大节省了评估过程中的人力和时间成本。例如，通过在线问卷调查系统，评估者可以快速地设计、发布和收集问卷，而不需要手动收集纸质问卷，极大地提高了评估的效率。

2. 增强评估准确性

信息技术在教育评估中还能够增强评估的准确性。信息技术可以实现大规模数据的收集和分析，通过数据分析工具和算法，可以更加客观地、准确地了解教育活动的情况。与传统的主观评估相比，信息技术的应用减少了人为因素的干扰，提高了评估的客观性和准确性。例如，通过对学生的学习数据进行分析，评估者可以更加客观地了解学生的学习情况和表现，从而更准确地评估教学效果。

3. 促进个性化评估

信息技术还可以促进个性化评估。传统的教育评估通常是统一的、标准化的评估，而信息技术的应用可以根据学生的个性化需求和学习情况，进行个性化评估。通过建立学习管理系统和学习分析工具，评估者可以根据学生的学习数据和行为，为不同学生提供定制化的评估方案，更好地满足其学习需求。例如，通过学习分析系统，评估者可以了解到不同学生的学习兴趣、学习方式等信息，从而针对性地制定个性化的评估计划和措施，提高评估的针对性和有效性。

二、教育监管机制与信息技术的协同发展

（一）教育监管机制的特点

1.法律法规约束

教育监管机制受到国家法律法规的约束，具有明确的监管目标和责任。在国家法律法规的指导下，教育监管机构负责对学校、教师、学生等教育主体进行监督和管理，保障教育事业的合法权益和正常运行。教育法律法规体系包括《中华人民共和国教育法》《中小学教师法》等，这些法律法规规定了教育监管的基本原则、任务和职责，为教育监管提供了明确的法律依据。监管机构在执行监管任务时必须依法行使权力，不得超越法定职责，保障教育监管的合法性和公正性。

2.多层次管理

教育监管机制分为国家层面、地方层面和学校层面的监管体系，形成了多层次的监管网络。在国家层面，教育部门负责制定教育政策和法规，指导和协调全国教育工作，对全国范围内的教育进行统一管理和监督。在地方层面，地方教育行政部门负责组织和实施本地区的教育工作，对本地区的学校和教育机构进行监管和管理。在学校层面，学校领导班子和教育管理人员负责学校内部的教育管理工作，保障学校教育活动的正常运行和质量保障。多层次管理体系有效地履行了各级监管机构的职责，保障了教育监管工作的全面覆盖和有效实施。

（二）信息技术在教育监管中的应用

1.数据采集与分析

信息技术为教育监管机构提供了强大的数据采集和分析能力。现代教育系统中产生了大量的教育数据，包括学生学习情况、教师教学效果、学校管理状

况等。信息技术可以帮助教育监管机构实现这些数据的高效采集和整合，并利用数据分析工具进行深入分析，从而全面评估学校教育质量和教学效果。例如，监管机构可以利用数据分析技术对学生的学业成绩、课堂出勤率、教学资源利用情况等进行综合评估，发现存在的问题并提出改进建议。这种基于数据的评估和监测方式，使得监管工作更加客观、科学，有助于及时发现和解决教育领域的问题。

2.监管平台建设

信息技术支持着教育监管平台的建设和运行。监管平台是一个集数据共享、信息交流、监督管理于一体的综合性系统，为监管机构提供了一个统一的管理和查询平台。通过监管平台，监管机构可以实现对学校教育信息的集中管理和实时监测。监管平台提供了数据共享和信息交流的便捷途径，教育机构可以通过平台提交相关信息和报表，监管机构也可以通过平台向学校发布政策文件和监管要求。此外，监管平台还可以提供数据可视化工具，帮助监管机构更直观地了解教育数据的趋势和变化，从而更好地制定监管策略和政策。通过监管平台建设，信息技术实现了监管信息的集中化、数字化和网络化，为教育监管工作提供了高效、便捷的管理手段。

（三）教育监管机制与信息技术的协同发展

1.信息化监管模式

随着信息技术的不断发展，教育监管机构逐渐借助信息化手段实现了监管模式的转型。传统的手工管理方式逐渐被信息化监管模式所取代，监管工作从过去的依赖纸质档案和手工记录，转变为依托信息系统和数字化平台进行管理。通过建立教育信息化平台，监管机构能够更加方便地收集、存储、管理和分析教育数据，实现了监管工作的自动化和数字化。这种信息化监管模式大大提高了监管的效率和精度，为教育监管工作注入了新的活力。

2.智能监管工具

信息技术的发展还催生了智能监管工具的应用，如人工智能、大数据分析等技术。监管机构可以利用人工智能技术对大规模数据进行分析和挖掘，发现教育领域的问题和趋势，提出相应的改进措施。例如，通过大数据分析，监管机构可以了解学生学习情况、教师授课水平、学校教育质量等方面的情况，及时发现问题并提出解决方案。智能监管工具的应用使得监管工作更加科学化、智能化，提高了监管工作的效率和准确性。

第六章　信息技术推动高校思政教育的改革与创新

第一节　教育观念的更新与转变

一、传统教育观念的挑战

传统的教育观念着重于教师为中心的教学模式，注重知识的传授和灌输。在这种模式下，教育被视为一种单向的信息传递过程，学生扮演被动接受者的角色，缺乏对知识的主动探索和理解。这种教育模式往往导致学生的学习动机不足、兴趣缺乏、创造力受限，难以满足当代社会对于人才培养的需求。

（一）教师为中心的教学模式

传统的教育观念将教师置于教学的中心地位，形成了以教师为中心的教学模式。在这种模式下，教师被视为知识的主要来源和掌控者，而学生则扮演着被动接受和消化知识的角色。教学被看作是一种单向的信息传递过程，教师通过讲授知识、演示示范等方式向学生传递所需的信息，而学生则被要求接受和理解这些信息。这种模式下，教学往往是按部就班、机械式地进行，教师的话语权占据主导地位，学生的思维和发展受到了较大限制。

在教师为中心的教学模式中，学生往往处于被动的角色。他们需要依赖教师的指导和引导来获取知识，缺乏主动探索和学习的机会。这种教学方式容易导致学生对知识的消化和理解程度不足，仅仅停留在表面性的记忆和机械式的应用上，难以形成深层次的理解和思考。同时，学生的兴趣和主动性也受到了抑制，他们可能缺乏对学习的积极性和动力，导致学习效果不佳。

此外，教师为中心的教学模式还存在着知识传递的单一性和僵化性。教学内容往往囿于教师的知识范围和教学经验，缺乏与学生个体差异和学习需求相适应的灵活性。这种教学模式往往难以满足多样化的学生需求和教学目标，无法充分激发学生的学习潜能和创造力。

因此，教师为中心的教学模式在当前教育环境下面临着诸多挑战和批评。随着信息技术的不断发展和教育理念的更新，教育界逐渐意识到了这种教学模式的局限性，并开始探索更加灵活、多样化的教学方式，使教育更加符合学生的发展需求和社会的变革要求。

（二）知识的传授与灌输

传统教育中，知识的传授和灌输被视为教学的核心任务，教师往往扮演着知识的传递者和灌输者的角色。在这种教育模式下，教师将知识作为一种静态的、客观存在的东西，通过讲述、演示和示范等方式向学生传递。学生被要求被动接受教师所传授的知识，将其视为不容置疑的真理，并加以消化和记忆。这种填鸭式的教学方式往往忽视了学生的主体性和积极性，使得学生缺乏对知识的深入理解和主动探索的机会。

传统教育中对知识的传授和灌输往往以教师的话语权为主导，学生的思维活动和创造性表达受到了抑制。教师往往以一种权威性的姿态，将知识"输送"给学生，而学生则被动地接受并机械地记忆。这种教学方式限制了学生的思维发展和创造性思维的培养，使得学生在应对复杂问题和实际情境时显得力不从心。他们缺乏对知识的批判性思考和创新性的运用，仅仅停留在对知识的表面理解和记忆，难以培养出具有创新精神和解决问题能力的人才。

此外，传统教育中对知识的传授和灌输往往忽视了学生个体差异和学习需求的多样性。教学内容和方式往往是统一而僵化的，无法灵活地适应不同学生的学习特点和兴趣爱好。这种教学方式容易导致学生的学习动机下降和学习效果不佳，影响了教育的质量和效果。

（三）学生的学习动机和兴趣受限

传统的教育模式往往限制了学生的学习动机和兴趣，这是因为这种教育模式注重的是教师的知识传授，而学生则被动接受所传授的知识。在这种模式下，教学内容往往呈现单一、枯燥的特点，缺乏趣味性和挑战性，难以激发学生的学习兴趣和动机。

首先，学生被动接受知识会导致他们缺乏学习的主动性和探索欲。在传统的教育模式下，教师往往扮演着主导者的角色，而学生则成为被动的接受者。他们习惯于被动接受教师的讲解和指导，缺乏对知识的主动追求和探索。这种被动接受的学习方式往往导致学生的学习动机不足，缺乏对学习的自发性和积极性。

其次，教学内容的单一和枯燥也是导致学生学习兴趣不足的原因之一。传统的教育模式注重对基础知识的传授，往往忽视了学生的兴趣和需求。教学内容缺乏趣味性和生动性，使得学生对学习失去了兴趣，认为学习是一种枯燥乏味的任务。缺乏对知识的实际应用和探索，使得学生难以将所学知识与实际生活联系起来，进一步削弱了他们的学习兴趣。

因此，传统的教育模式往往限制了学生的学习动机和兴趣，影响了他们的学习效果和发展。为了解决这一问题，教育界需要探索更加灵活、多样化的教学方式，注重激发学生的学习兴趣和动机，使得学习成为一种愉悦的、主动的过程，从而更好地促进学生的全面发展和成长。

二、信息技术对教育观念的影响

信息技术的快速发展为教育带来了新的思维方式和教学工具，对教育观念进行了深刻的转变和更新。

（一）学生作为学习的主体地位

1. 个性化学习的实现

（1）利用在线学习平台和智能化教育应用

信息技术的发展使得在线学习平台和智能化教育应用成为学生个性化学习的重要工具。通过这些平台和应用，学生可以根据自身的学习需求和兴趣选择学习内容和学习方式。例如，一些在线学习平台提供了丰富多样的课程资源，学生可以根据自己的兴趣选择感兴趣的课程进行学习；智能化教育应用则根据学生的学习行为和反馈，提供个性化的学习推荐和定制化的学习计划，从而满足不同学生的学习需求。

（2）解除传统教学时间和地点的限制

传统的课堂教学往往受到时间和地点的限制，学生需要在特定的时间和地点参与课堂教学活动。然而，信息技术的应用使得学生可以随时随地进行学习，不再受到传统教学时间和地点的束缚。通过在线学习平台和智能化教育应用，学生可以根据自己的时间安排和学习节奏进行学习，实现了学习的个性化和灵活性。

（3）激发学生的学习兴趣和积极性

个性化学习的实现有助于激发学生的学习兴趣和积极性。由于学生可以根据自己的兴趣和需求选择学习内容和学习方式，他们更加愿意投入到学习中去，并且会感到学习是一种愉悦的、有趣的体验。这种个性化学习的模式有助于提高学生的学习动机和学习效率，促进其全面发展和成长。

2. 培养自主学习和自我管理能力

（1）获取多样化的学习资源和信息

信息技术的应用使得学生可以轻松获取各种学习资源和信息，促进了其自主学习能力的培养。通过网络搜索引擎、在线图书馆、数字化图书等资源，学生可以获得丰富多样的学习资料和信息，满足其学习需求和兴趣。这种自主获取学习资源的方式培养了学生的信息获取能力和独立思考能力，使其具备了更好的学习能力和适应能力。

（2）利用学习管理系统进行学习管理和跟踪

学习管理系统是信息技术在教育领域的重要应用之一，它为学生提供了方便快捷的学习管理和跟踪工具。学生可以通过学习管理系统查看学习进度、提交作业、参与讨论等，实现学习过程的全面管理和跟踪。这种学习管理系统的应用培养了学生的自我管理能力和学习计划能力，使其能够更好地规划和管理自己的学习，提高学习的效率和质量。

（二）教育观念由传统的"教"向"学"转变

1. 参与式学习的提倡

（1）在线教育平台和虚拟实验室的应用

随着信息技术的迅速发展，在线教育平台和虚拟实验室等技术工具成为教学中不可或缺的一部分。这些平台为学生提供了参与式学习的机会，使他们能够在虚拟的学习环境中积极参与和互动。通过在线教育平台，学生可以观看教学视频、参与在线讨论、完成在线测验等活动，与老师和同学进行实时交流和互动。虚拟实验室则为学生提供了进行实验和模拟操作的场所，使他们能够在安全、便捷的环境中进行实践性学习，培养实践能力和解决问题的能力。

（2）社交媒体的应用

社交媒体在教育中的应用也为参与式学习提供了新的途径。教师可以利用微信、微博、QQ群等社交媒体平台与学生进行互动和交流，分享学习资源、答疑解惑，促进学生之间的交流和合作。通过社交媒体，学生可以分享学习经验、交流学习心得，形成学习共同体，提高学习的主动性和积极性。这种基于社交媒体的参与式学习模式有利于激发学生的学习兴趣，提高学习的效果和质量。

2. 教学模式的灵活性和多样化

（1）网络教学平台的应用

网络教学平台为教师提供了丰富多样的教学工具和资源，使得教学模式变得更加灵活和多样化。教师可以通过网络教学平台设计各种形式的教学活动和任务，如在线课堂、网络讨论、在线作业等，满足不同学生的学习需求和学习风格。这种灵活多样的教学模式使得学生能够更加自主地学习和探索，激发了他们的学习兴趣和创造力。

（2）引入项目式学习和实践性教学

信息技术的应用还推动了教学模式向项目式学习和实践性教学的转变。项目式学习注重学生在实际项目中的应用和实践，通过解决实际问题或完成实际任务来促进学生的学习。教师可以利用信息技术设计和开展各种项目式学习活动，使学生能够在实践中学习、在实践中探索，培养解决问题和团队合作的能力。实践性教学则强调学生在实际操作中的学习体验，通过实验、实训等活动使学生将理论知识应用到实际情境中，加深对知识的理解和掌握。这种实践性教学模式有助于提高学生的实践能力和创新能力，培养了解决问题和独立思考的能力。

第二节　教学模式的创新与拓展

一、混合式教学模式的兴起

（一）高校思政课混合式教学改革实践探索总结

疫情期间，混合式教学的大规模开展为深入推进思政课教学改革积累了宝贵的实践经验。如以现成慕课资源为依托，教师布置慕课学习内容和翻转课堂讨论内容，让学生自主完成线上慕课学习后再利用课堂教学开展翻转课堂讨论和教学互动，使课堂教学以学生为主体。

1. 混合式教学的优势

（1）容易突破传统教学时间、空间的局限

随着手机、网络的普及，学生线上学习较传统课堂更为自由和灵活。如慕课学习，学生可以不受时间地点约束，灵活运用计算机、手机等现代化学习工具，自主选择时间进行慕课学习。同时，慕课还方便学生在学习过程中随时进行回看、复习。

（2）方便不同高校共享优秀教学资源

线上教育平台的精品教学慕课资源都是由高校组织本校最强师资精心打造而成的，随着改革的推进，慕课资源也将不断丰富，可供学生选择的也将更多，这样学生就可以根据自身实际情况选择最适合自己的慕课进行学习。精品慕课的共享，极大缓解了高校现有师资水平参差不齐带来的教学问题。

（3）调动学生学习积极性

在传统的授课教学模式下，教师的课堂管理手段往往局限于点名等方式，以确保学生到课率，但这并不能保证学生在课后的学习状态和参与度。一些缺乏学习自觉性的学生可能会出现人到但心不在的情况，上课时表现得不够专注；而一些性格内向的学生则可能因为不敢大胆发言而在课堂上表现不积极。与此相反，线上教学采用了一系列现代化技术手段，以激发学生的学习积极性。首先，通过教学视频中设置的内设通关问题等方式，督促学生认真学习。这种方式能够在一定程度上提高学生的学习参与度和专注度，因为学生需要在视频中定期回答问题，从而保持对课程内容的关注和理解。其次，线上学习讨论模式与学生习惯的网络交流模式相似，这种模式更容易让学生突破性格的拘泥，大胆利用网络交流工具参与到学习讨论中。实践证明，学生在网上参与讨论交流时表现更为积极，他们更愿意在这个相对匿名的环境下表达自己的观点和想法。此外，根据对思政课调研数据的分析，经常参与在线互动的同学比例超过50%，超过90%的学生参与了教学互动，这远远超过了学生在传统课堂教学中参与互动的比例。这些数据反映了线上教学模式对调动学生学习积极性的有效性，同时也证明了信息技术在教育领域中的潜力和重要性。

（4）强化学生自主学习能力

慕课＋翻转课堂的教学模式为学生带来了更具针对性和主动性的学习体验。在这种模式下，学生首先通过慕课学习平台进行自主学习，他们可以根据自己的学习节奏和需求，有针对性地选择学习内容，并带着问题进行学习。这种自主学习的过程使得学生能够更加深入地消化和理解知识，同时也激发了他们主动思考和探索问题的意愿。学生在学习过程中积累了一定的知识储备和问题意识后，便可以参与到翻转课堂的讨论中，与教师和同学共同探讨问题，分享观点和思考。这种学生主导的讨论过程不仅能够促进知识的深入理解，还能够培养学生的批判性思维和解决问题的能力。

另外，现代信息技术在教学改革中的应用极大地提升了教学效率。以超星学习通为例，通过其线上教学平台，教师可以利用各种功能丰富课堂教学手段，如签到、抢答、测验和讨论等，从而增强了教学的趣味性和互动性。通过对学生进行测验，系统可以快速统计学生答题情况，并进行分析总结，帮助教师更好地了解学生的知识点掌握情况，有针对性地开展后续教学。此外，利用平台发布学习任务点，教师可以根据学生的任务完成情况及时调整教学策略，实现对学生学习过程的精准监控和引导。慕课教学视频中自带的通关测试题也有助于督促学生认真学习。而平台的抢答和讨论功能的使用，则能够极大地激发学生的学习积极性和参与度。随着信息化技术的不断发展，网络教学手段还将进一步优化和丰富，为教学提供更多可能性和机遇。

2.混合式教学存在的主要问题

混合式教学实践的推进面临着多方面的挑战和难题。

第一，如何推动混合式教学改革成了一个重要议题。尽管混合式教学被认为是教学改革的大势所趋，但在实际推进过程中，却存在着一系列阻碍因素。其中，一些习惯于传统教学模式的教师对于混合式教学持有抵制情绪，不愿意进行改革探索，这成为改革推进的主要阻碍之一。特别是在疫情期间，由于线上教学的临时性质和技术不成熟，很多教师将网课变成了形式化的"水课"，这进一步打击了教师们的改革积极性。此外，混合式教学对教师素质和能力提出了更高的要求，教师需要面对更多的教学挑战，这也是推进过程中的一大挑战。而混合式教学所需的慕课资源价格较高，经费支出成为另一个推进障碍。同时，学生在混合式教学中的学习状态掌控不佳，容易使得教学效果打折扣，甚至沦为"水课"。因此，如何让已习惯于传统教学的教师能够积极参与混合式教学改革，以及如何解决混合式教学推进中的技术、经费、学生学习状态等问题，是当前教育界急需解决的首要难题之一。

第二，设计合适的混合式教学模式也是一项具有挑战性的任务。混合式教学的目标是革新传统教学模式，打造更具亲和力的课堂，但如何突破传统教学思维，设计出更符合学生特性的混合式教学模式，是一项非常重要的工作。在设计过程中，需要充分考虑教师和学生的现实情况，一方面要照顾到教师的传统教学习惯，另一方面又要围绕思政课的特点，充分利用现代化教学手段，设计出适合的混合式教学方案。在改革过渡时期，应以稳步推进为基本方针，充分考虑教师和学生的适应能力和接受度，逐步实现教学模式的转变。同时，也要不断革新，充分利用现代化教学手段，提高教学的针对性和互动性，打造出更具吸引力和有效性的混合式教学模式。

第三，如何保证学生在混合式教学中的学习效果也是一个重要问题。这涉及学生自主慕课学习和翻转课堂教学质量的问题。首先，学生自主慕课学习需要加强督促和管理，防止学生刷课等行为，提高学习效果。其次，翻转课堂教学需要注重引导学生，培养其综合能力，保证教学质量。教师可以通过检查学生的笔记、思维导图等方式加大学生的慕课学习督促力度，最后，在翻转课堂教学过程中，注重对学生的引导和指导，确保教学效果的最大化。

（二）坚持"三导向"，促进思政课混合式教学改革

作为新生事物的混合式教学改革在探索中前进，要边实践边总结，不断完善教学方案，优化教学设计，突出教学效果。为优化促进线上线下混合式教学

改革，我们需要在实践中坚持"三导向"。

1. 坚持目标导向

思政课是培养学生思想品德、引导学生树立正确世界观、人生观和价值观的重要途径。为了增强思政课的效果，我们需要从多个方面入手，以坚持目标导向为核心，充分发挥思政课在学生思想引领和塑造方面的作用。

（1）解决学生思想困惑

教师在思政课的教学中应该成为学生思想上的引路人，帮助他们解决成长过程中的思想困惑。针对学生对社会主义本质、中国特色社会主义等问题的疑问，教师应该运用马克思主义理论，结合具体的案例进行分析和解答，引导学生深入理解和认同中国特色社会主义。这种引导需要教师具备较高的理论水平和教学技巧，以确保学生在共鸣中解决思想困惑。

（2）提高教师理论水平

马克思主义理论对于思政课教师来说至关重要。教师应该深入学习马克思主义理论，特别是新时代中国特色社会主义思想，不断提高自身的理论水平。只有在理论上驾驭得当，教师才能在教学中以理服人，引导学生深入思考。教师还应将马克思主义的基本原理和方法论与具体的课程内容相结合，通过讲解中国故事等方式，使学生对理论内容有更深入地理解和认同。

（3）改变传统教学模式

为了增强思政课的亲和力，需要教师大胆尝试改变传统的教学模式。通过引导学生从被动学习转变为主动学习，采用翻转课堂等方式，使学生更加积极地参与到教学过程中来。教师应该成为教学的主导者，而学生则成为教学的主体，通过互动交流，深入了解学生的思想状况，从而更好地进行思想引导和教育。

（4）丰富教学手段和内容

在教学过程中，教师应该注重丰富教学手段和内容，使学生能够在多样化的学习方式下获取知识。除了传统的课堂讲解外，教师还可以利用线上平台提供的先进教学手段，如教学视频、讨论区等，帮助学生深入理解课程内容。同时，教师还应该关注学生的学习状况，根据学生的需求进行有针对性的教学和答疑辅导，引导学生树立正确的价值观和信仰。

坚持目标导向，是增强思政课效果的重要保证。只有教师在教学中始终以学生思想引领和塑造为目标，才能更好地发挥思政课的育人功能，培养出德智体美劳全面发展的社会主义建设者和接班人。

2. 坚持问题导向

思政课作为培养学生政治素养的重要途径，教师在思政课教学中应坚持政治性和学理性相统一，以问题导向为核心，注重发现问题、解决问题，从而提升教学质量和学生学习效果。思政课教学改革应包括以下两方面含义：

（1）发现和解决学生思政课在线学习中存在的问题

教师应针对学生在线学习中的问题，有针对性地进行调研和解决。例如，通过对四川某高校思政课网络教学实效性的调研，发现学生在学习过程中存在注意力不集中等问题。针对这一问题，教师可以通过教学设计和创新，紧扣学生兴趣点，引导学生提高学习注意力。教师还可以结合学生的学习情况，调整教学方式和内容，以提升学生的学习效果和满意度。

（2）用问题引导学生自主学习，强化学习目标

思政课教学要坚持灌输性和启发性相统一，通过启发式教学手段引导学生自主学习，并强化学生学习目标。在教学前，教师应布置慕课学习任务，并设计系统的问题链，以引导学生有目的有针对性地学习。学生通过解决问题的自主学习，能更加有效地掌握所学知识，并在翻转课堂中展开主题讨论，从而将知识内化于心，提高学习效果。

坚持问题导向是思政课教学改革的重要方向之一，能够有效地发现和解决学生学习中存在的问题，引导学生自主学习，强化学习目标。通过教师的引领和学生的积极参与，思政课教学将更加富有成效，为学生政治素养的培养提供有力支持。

3. 坚持结果导向

混合式教学改革在思政课教学中坚持结果导向，致力于充分发挥思政课的育人作用，以落实立德树人的根本任务为核心。在教学实践中，应当坚持理论性与实践性的统一，显性教育与隐性教育的统一，突出思政课的育人功能。

（1）用事实说话

为了润物细无声地培养学生的政治素养和道德品质，教师应该运用事实说话的方法，通过讲述生动的中国故事和精心挑选的典型案例，引导学生自主感

悟，塑造正确的立场、观点和方法。举例而言，可以利用抗击疫情的防控事例，通过纵向和横向比较，让学生自己去发现中国制度的优势和中国共产党的价值情怀。通过深入分析，学生能够体会到中国共产党以人民为中心的执政理念，以及中华民族团结一心的伟大精神，从而坚定"四个自信"。

（2）设计好教学实践

思政课的教学实践应当注重理论与实践的结合。近年来，高校纷纷推动实践教学的开展，打造多形式、多样化的实践课堂。例如，设计"主课堂＋拓展课堂"的立体化教学实践体系。主课堂教学主要侧重于教学内容的深度研究和教学方法的创新改革，而拓展课堂则包括课内的参与型实践教学、课外校园体验型实践教学、社会调研的拓展型实践教学等。通过这种方式，学生不仅能够在课堂上深入学习理论知识，还能够在实践中增强实际操作能力和解决问题的能力，从而全面提升思政课的教学效果。

坚持结果导向是混合式教学改革的重要原则之一，对于思政课教学具有重要意义。通过用事实说话和设计好教学实践，教师能够更好地发挥思政课的育人作用，培养学生的政治素养和道德品质，为学生的全面发展和社会主义建设培养合格的接班人。

二、重视个性化教学模式

（一）个性化教学模式的概念

个性化教学模式是一种根据学生的个性化需求和学习水平，设计个性化的学习路径和内容，以提高教学的针对性和效果性的教学方法。这种模式强调教学内容、教学方法和教学评价的个性化，以满足每个学生的学习需求和发展水平。

1.信息技术在个性化教学中的作用

随着信息技术的不断发展和应用，个性化教学在教育领域中的作用日益凸显。信息技术为个性化教学提供了强大的支持和平台，使得教育者能够更加精确、高效地进行教学设计和学生指导。在个性化教学中，信息技术发挥着至关重要的作用，主要体现在以下几个方面：

第一，信息技术为教育者提供了丰富的学生数据和信息。通过智能化教学系统的应用，教育者可以收集、分析学生的学习行为、学习习惯、学习偏好等多方面的数据。例如，学生在学习过程中的点击、浏览、答题等行为数据，以及学生在课堂上的参与度、反应速度等信息，都可以被智能化教学系统实时记录和分析。这些数据和信息为教育者提供了深入了解学生个性化需求和学习特点的基础，为个性化教学的实施提供了重要的支持。

第二，信息技术使个性化教学变得更加精准和针对性。基于收集到的学生数据和信息，智能化教学系统能够对学生的学习情况进行全面、多维度地评估和分析。教育者可以根据这些评估结果，为每个学生量身定制个性化的学习路径和内容。例如，针对不同学生的学习能力和学科兴趣，可以为其推荐不同难度和风格的学习资源；针对学生的学习偏好和学习方式，可以采用不同形式的教学方法和策略。这种个性化的教学设计和指导，能够更好地满足学生的学习需求，提高教学的针对性和效果性。

第三，信息技术为教育者提供了更多的教学工具和平台。随着在线教育和远程教学的发展，各种教学应用软件和网络教学平台不断涌现，为个性化教学提供了丰富的资源和工具。教育者可以通过这些平台，为学生提供多样化、灵活性强的学习环境和学习体验。例如，通过虚拟实验室、网络课堂等在线教学工具，学生可以随时随地进行学习，自主选择学习内容和学习方式，提高了学习的便捷性和灵活性。同时，教育者也可以通过这些平台，与学生进行实时互动和交流，及时了解学生的学习情况和反馈，为其提供个性化的学习支持和指导。

2. 个性化教学模式的特点

个性化教学模式作为一种重要的教学方法，在教育实践中展现出了独特的特点和优势。其主要特点包括灵活性高、针对性强、激发学生学习兴趣和积极性，以及提高学习效率。

第一，个性化教学模式的灵活性体现在其能够根据学生的实际情况进行调整和优化。这种灵活性不仅表现在教学内容的调整上，还包括教学方法、教学资源的灵活运用。例如，在一堂课上，教师可以根据学生的学习状态和理解程度，灵活调整教学节奏和深度，以确保每个学生都能够跟上教学进度。此外，个性化教学还可以根据学生的学习方式和喜好进行灵活设计，比如针对视觉型学习者提供图文并茂的教学材料，针对听觉型学习者提供讲解性的教学内容，以此满足不同学生的学习需求。

第二，个性化教学模式具有针对性强的特点，能够更好地满足学生的学习需求。这种针对性体现在教学内容的选择和设计上，以及教学方法的个性化运用上。例如，针对不同学生的学习水平和兴趣特点，教师可以选择不同难度和风格的教材，设计不同层次的教学任务，以此满足每个学生的学习需求。此外，个性化教学还可以根据学生的学科特点和学习目标，采用不同的教学方法和策略，比如针对性地组织小组讨论、实验操作等，从而更好地促进学生的学习。

第三，个性化教学模式能够激发学生的学习兴趣和积极性。这种激发主要体现在教学内容的设计和呈现上，以及教学方法的选择和运用上。例如，通过设计具有趣味性和挑战性的学习任务和活动，教师可以激发学生的学习兴趣和主动性，提高他们的学习积极性。此外，个性化教学还可以根据学生的兴趣爱好和学习目标，选择适合的学习资源和案例，引导学生主动探索和学习，从而增强他们的学习动力和自主性。

第四，个性化教学模式能够提高学习效率。这主要体现在教学过程的个性化设计和学习目标的有效达成上。例如，通过个性化教学模式，教师可以更好地了解学生的学习状态和需求，及时调整教学策略，使得教学过程更加高效。此外，个性化教学还可以促进学生的自主学习和自我管理能力的培养，提高他们的学习效率和学习成果。

（二）个性化教学模式的意义

1.激发学生的学习兴趣和积极性

个性化教学模式能够根据学生的兴趣、特长和学习风格设计个性化的学习内容和任务。通过与学生个体的兴趣和需求相契合，使得学习过程更加愉悦和主动。例如，针对艺术感兴趣的学生，可以设计与艺术相关的学习任务和活动，从而激发他们对学习的兴趣和热情。这种个性化的学习体验能够使学生更加主动地参与学习过程，提高他们的学习积极性。

2.提高学习效率

个性化教学模式能够根据学生的学习水平和能力，量身定制适合的学习方案和教学资源。这样每个学生都能够在适宜的学习环境中高效学习，按照自己的学习节奏和能力进行学习，从而提高学习效率。例如，针对学习能力较强的学生，可以提供更深入、更有挑战性的学习任务，以激发他们的学习潜力；而对于学习能力较弱的学生，则可以提供更简单、更易理解的学习内容，以帮助他们更好地掌握知识。

3.培养学生的自主学习和自我管理能力

个性化教学模式强调学生的自主学习和自我管理能力。在个性化学习的过程中，学生需要主动探索和思考，培养了自主学习的能力。同时，个性化教学模式也要求学生能够根据自己的学习情况和进度进行自我管理，提高了学生的学习自觉性和责任感。例如，学生可以根据自己的学习计划和目标，合理安排学习时间和任务，提高学习效率和成果。

4.增强学生的学习动机和学习成就感

个性化教学模式能够满足学生个性化的学习需求，使得学生在学习过程中获得更多的成功体验和成就感。这种个性化的学习体验能够增强学生的学习动机，使得他们更加愿意投入到学习中，从而取得更好的学习成绩和发展。例如，学生在个性化教学模式下，能够更加自信地掌握知识，取得更好的学习成绩，从而增强他们的学习动力和信心。

三、项目式教学模式的进一步发展

（一）项目式教学模式的特点

1.强调实践应用

项目式教学模式注重学生在实际项目中的应用和实践。传统的课堂教学往往局限于理论知识的传授和书本知识的学习，而项目式教学则更加强调学生在真实情景中的应用能力。通过项目式教学，学生能够将所学的知识和技能运用到实际项目中，从而更加深入地理解和掌握。

在项目式教学中，学生不仅是被动地接受知识，而是通过自己的实践和应用，积极地参与到项目中去。这种实践性的学习方式使得学生能够更加直观地感受到知识的实用性和价值，从而增强了他们对学习的兴趣和动力。

2.解决实际问题

项目式教学模式的核心在于解决实际问题或完成实际任务。通过设计和实施项目，学生需要面对真实的问题，并通过自己的努力和创新来解决这些问题。与传统的课堂教学相比，项目式教学更加注重学生的实践能力和创新思维。

在项目式教学中，学生往往需要自己主动去寻找问题，并思考如何解决这些问题。这种探索性的学习方式能够培养学生的问题解决能力和创新能力，使他们在未来面对各种挑战时能够更加从容应对。

3.多媒体技术支持

信息技术的应用为项目式教学提供了更多的支持和便利。学生可以利用互联网和多媒体技术获取项目所需的信息和资料，利用多媒体技术设计和制作项目成果，提升项目的质量和效果。

在项目式教学中，学生可以利用各种多媒体工具和软件进行项目的设计和实施。例如，他们可以利用网络资源查找相关资料，使用电子表格和图表进行数据分析，使用多媒体制作工具制作项目报告等。这些多媒体技术的应用使得项目的实施更加丰富和生动，提高了学生的学习积极性和效果。

4.合作学习和跨学科应用

项目式教学鼓励学生之间的合作学习和跨学科交叉应用。在项目的设计和实施过程中，学生需要与同学合作，共同解决问题和完成任务。这种合作学习的方式能够培养学生的团队合作精神和沟通能力，增强他们的协作能力和集体意识。

同时，项目式教学也鼓励学生将不同学科的知识和技能进行跨学科的应用。在项目的设计和实施过程中，学生往往需要综合运用各种学科的知识和技能，从而增强了他们的综合素养和跨学科应用能力。

（二）项目式教学模式的意义

1.提高实践能力和创新能力

（1）加强理论与实践结合

项目式教学模式的实施为加强理论与实践结合提供了有力平台。在这种教学模式下，学生不再仅仅是课堂上的知识接收者，而是积极参与项目设计和实施的过程中，将所学的理论知识应用到实际项目中。通过这样的参与，他们不仅是被动接受知识。这种积极参与的过程不仅能够加深学生对所学知识的理解，更重要的是培养了他们的实践能力。在实际项目中，学生需要面对各种具体情况和挑战，需要灵活运用所学知识来解决问题。这种实践操作的过程不仅是对理论知识的简单应用，更是一个锻炼学生思维能力、动手能力和创新能力的过程。

例如，当学生参与一个科学实验项目时，他们不仅需要理解实验的背景和目的，还需要运用所学的理论知识设计实验方案、采集数据、分析结果，并得出结论。这个过程中，他们需要综合运用所学的理论知识，并在实践操作中不断地调整和完善自己的实验方案，从而提高了他们的实践能力。通过这样的项目实践，学生不仅能够更深入地理解所学的理论知识，更能够将理论知识转化为实际应用的能力，这对于他们未来的学习和工作都具有重要意义。因此，项目式教学模式的实施能够有效地促进学生将理论知识与实践相结合，提高他们的实践能力。

（2）培养创新思维

在项目设计与实施过程中，学生被要求积极面对各种实际问题，并提出解决方案。这个过程不仅是对已有知识的简单应用，更是一个激发创新思维的机会。通过项目式教学模式，学生被鼓励去挑战常规、探索未知，并提出新颖的解决方案。举例来说，学生在设计科学实验项目时，需要超越传统实验方法，通过深入分析实验目的和预期结果，提出创新性的实验方案。这要求他们不仅熟悉相关理论知识，更要具备跨学科的思维能力和创造性的想象力。在这个过程中，学生需要突破传统思维定式，勇于尝试新的思路和方法，从而培养了他们的创新能力。项目式教学模式强调的不仅是对已有知识的被动接受，更是对知识的主动探索和创造。学生在实践中不断思考、探索，不断尝试、创新，从而不断提升他们的创新能力。这种创新思维的培养不仅对学生个人的发展具有重要意义，更对社会的进步和发展有着积极的影响。因此，项目式教学模式通过实践性的项目设计与实施，为学生提供了一个培养创新思维的有益平台，激发了他们的创造潜能，促进了他们的全面发展。

2.培养解决问题和团队合作能力

（1）分析问题并制定解决方案

在项目式教学模式的实施中，学生被要求在项目的实施过程中不仅面对各种挑战和问题，更要能够对这些问题进行深入的分析，并提出解决方案。这个过程不仅是简单地解决问题，更是一个培养学生问题解决能力的机会。通过实践中的问题分析与解决，学生得以锻炼他们的逻辑思维、判断能力以及解决问题的技能。举例来说，在社会调查项目中，学生需要首先收集相关数据，然后对数据进行仔细地分析。在数据分析的过程中，他们需要运用所学的统计学、社会学等相关知识，从而得出结论。而在面对问题时，他们需要根据分析的结果，提出合理的解决方案。这个过程不仅需要学生对问题进行深入的思考，更需要他们有创造性地提出解决方案。通过这样的实践过程，学生不仅是被动地应用已有知识，更能够主动地运用所学知识解决实际问题。这种问题分析与解决的实践锻炼了学生的问题解决能力，提升了他们的综合素养。此外，这种能力培养也对学生未来的学习和工作具有重要意义，因为在现实生活和职场中，解决问题的能力是必不可少的。因此，项目式教学模式通过实践中的问题分析与解决，为学生提供了一个全面发展的平台，培养了他们的问题解决能力，为他们未来的发展奠定了坚实的基础。

（2）加强团队合作精神

在项目式教学模式的实施中，学生被要求与团队成员合作，共同完成项目任务。这种团队合作的实践不仅是对个人能力的考验，更是对协作精神的锻炼。通过与团队成员的合作，学生得以培养和发展他们的协作能力。

例如，在项目中，学生需要分工合作，根据各自的专长和兴趣，承担不同的责任和任务。这种分工合作需要学生之间相互配合，协调资源，合理分配时间和精力。在实践中，学生需要不断地进行沟通交流，分享信息和想法，解决团队中出现的问题。这个过程不仅需要学生具备良好的沟通能力和团队意识，更需要他们具备灵活应变的能力和解决问题的能力。通过这样的团队合作实践，学生不仅能够更好地理解团队合作的重要性，更能够培养和提升他们的团队合作精神。这种团队合作精神的培养对于学生未来的发展具有重要意义。在现实生活和工作中，团队合作是必不可少的，而团队合作精神则是团队取得成功的关键。因此，项目式教学模式通过团队合作的实践，为学生提供了一个全面发展的平台，培养了他们的团队合作精神，为他们未来的发展奠定了坚实的基础。

3. 提升综合素养和社会责任感

（1）多元素养培养

在项目式教学模式的实施中，学生被要求不仅考虑单一学科知识，更需要综合考虑项目中的多方面因素，如学科知识、社会、环境等。这种综合素养的培养不仅是对学生学科知识的扩展，更是对他们综合思维能力的锻炼。通过考虑项目中的多元因素，学生得以形成全面的思维方式，更好地适应未来复杂多变的社会环境。

例如，在一个综合性项目中，学生需要从不同角度去思考问题，考虑到学科知识、社会因素、环境影响等各个方面。这要求他们不仅要有扎实的学科基础知识，更需要具备跨学科的思维能力和综合分析能力。在实践中，学生需要运用所学的知识和技能，结合现实情况，制定综合性的解决方案。这个过程不仅需要学生具备丰富的专业知识，更需要他们具备系统性思维和创造性思维，从而在解决问题时能够综合考虑各种因素，作出全面的决策。通过这样的综合素养培养，学生不仅能够更好地应对现实生活中的各种复杂问题，更能够为未来的发展打下坚实的基础。因此，项目式教学模式通过培养学生对多元素的综合考虑能力，为他们的全面发展提供了重要支持，使他们更好地适应未来社会的挑战和变化。

（2）强化社会责任感

在项目式教学模式的实施过程中，学生被要求不仅关注项目的内在目标与要求，更需要考虑项目对社会的影响，并承担相应的社会责任。这种实践有助于培养学生的社会责任感和社会参与意识，从而促使他们意识到个体行为对整个社会的影响，进而更加注重社会责任。举例来说，当学生参与社会实践项目时，他们不仅是为了完成任务或获取学分，更是通过实践活动了解社会问题，并寻求解决方案逐渐形成社会责任感。在这个过程中，学生需要深入了解社会问题的根源和影响，分析问题的复杂性，并提出可行的解决方案。通过这样的实践，学生能够意识到个体行为对社会的影响，进而更加重视个人的社会责任，积极参与社会公益事业。这种实践不仅有助于培养学生的社会责任感，更有助于增强他们的社会参与意识。在未来的生活和工作中，这种社会责任感和社会参与意识将成为学生成为社会有益成员的重要素养。因此，项目式教学模式通过强调社会责任感的培养，为学生的全面发展提供了有益支持，使他们能够更好地适应并积极参与社会的发展与变革。

第三节　教育管理体系的优化与调整

一、学校管理系统的建设与完善

（一）学校管理系统的数字化转型

1. 学生信息管理系统的功能扩展

学校管理系统的数字化转型首先需要关注学生信息管理系统的功能扩展。除了基本的学生档案管理、课程安排和成绩管理功能外，还应该考虑整合学生综合素质评价、思想政治教育成果记录等信息，以全面了解学生的学习情况和成长发展。例如，系统可以记录学生的课外活动参与情况、社会实践经历、科技创新成果等，为学生的综合素养评价提供数据支持。

2. 教师信息管理系统的智能化应用

在教师信息管理系统的建设中，应注重智能化应用，提高教师管理效率和服务质量。系统可以采用智能推荐算法，根据教师的专业领域和教学需求，推荐相关教学资源和培训课程。同时，系统还可以实现教学计划的智能生成和排课调配，减轻教师的管理负担，提升教学效率。

（二）系统的灵活性和安全性

1. 模块化设计与功能扩展

为了提高系统的灵活性，应采用模块化设计，将系统划分为多个独立的功能模块，每个模块具有相对独立的功能和数据，方便根据需要进行功能扩展和升级。例如，可以根据不同学科或专业需求，定制特定的功能模块，满足不同用户的个性化需求。

2. 安全措施与权限管理

在保障系统安全方面，应采取有效的安全措施，如数据加密、防火墙设置等，保护系统免受网络攻击和信息泄露的威胁。同时，建立严格的权限管理机制，区分不同用户的权限等级，确保用户只能访问其具有权限的数据和功能，保障学生和教师的个人信息安全。

（三）人员培训和使用技能提升

1. 系统培训课程的设计与实施

为了提高教师和管理人员的使用技能，应设计并实施系统培训课程，包括系统操作方法、功能介绍、应用场景等内容。培训课程可以采用线上线下相结合的方式进行，充分利用多媒体技术和远程教学平台，增强培训效果和覆盖范围。

2. 培训效果评估与反馈机制

建立培训效果评估与反馈机制，及时了解培训效果和学员反馈意见，针对性地调整培训内容和方式，提高培训质量和效果。同时，鼓励教师和管理人员积极参与培训活动，提升其对系统应用的积极性和主动性。

二、数据采集与分析的应用

（一）教育数据的价值与应用

1. 数据采集的重要性

数据采集是高校思政教育管理体系优化与调整的基础。通过收集学生、教师、课程等各个方面的数据，可以全面了解教育过程中的各种情况和问题。这些数据包括学生的学习成绩、思想政治教育活动参与情况、教师的教学质量评价、课程设置和教学资源利用情况等。通过数据采集，可以为教育管理者提供科学依据，指导教育管理工作的开展。

2. 数据分析的意义

数据分析是发现问题、优化管理的关键步骤。通过对采集到的数据进行深入分析，可以发现教育管理中存在的问题和不足，了解学生的学习特点和需求，评估教学效果和教师水平，为教育管理者提供决策支持。例如，通过分析学生的学习成绩和课程评价数据，可以发现教学中存在的薄弱环节和学生的学习困难，及时调整教学方案和课程设置，提高教学效果和学生满意度。

（二）数据采集与分析的实践应用

1. 学生学习情况分析

通过收集学生的学习成绩、考勤情况、课外活动参与情况等数据，可以全面了解学生的学习情况和特点。通过数据分析，可以发现学习成绩较差的学生群体和薄弱科目，采取针对性地教学措施，提高教学效果。同时，还可以发现学生的学习习惯和学习动机，为个性化教育提供参考。

2.教师教学质量评估

通过收集教师的教学评价、学生的反馈意见、课程设计和教学资源利用情况等数据，可以对教师的教学质量进行评估和监测。通过数据分析，可以发现教学中存在的问题和不足，及时进行教师培训和教学改进。同时，还可以评估教师的教学水平和教学成果，激励教师提高教学质量。

第四节　教师队伍建设与培训

一、信息技术背景下的教师角色转变与发展

（一）教师角色的转变

1.传统角色与新角色的对比

传统上，教师的角色主要是知识的传授者和课堂管理者。在传统的教学模式中，教师被视为班级中的权威人物，负责向学生传授教科书上的知识，并通过讲课、布置作业等方式进行教学。此外，教师还需要管理课堂秩序，监督学生的学习行为，确保教学进程的顺利进行。然而，随着信息技术的广泛应用和教育理念的变革，教师的角色逐渐发生了转变。

现代教师更多地成为学生学习的引导者、学习资源的管理者和学习过程的评价者。教师不再是简单地向学生传授知识，而是更注重培养学生的综合能力和素养。作为学习的引导者，教师通过设定学习目标、提供学习资源、组织学习活动等方式，引导学生积极参与学习，培养其自主学习的能力和习惯。在这个过程中，教师不再是单纯地灌输知识，而是通过启发式教学、探究式学习等方式激发学生的学习兴趣和动力，促进其深层次的学习。

同时，教师还扮演着学习资源的管理者的角色。随着信息技术的不断发展，教师需要策划和管理各种学习资源，包括课程教材、多媒体资料、网络资源等。他们要根据学科特点和学生需求，选择和整合适当的资源，提供丰富多样的学习体验，满足学生个性化的学习需求。在这个过程中，教师需要善于利用信息

技术和网络平台，开发和分享优质的教学资源，为学生提供更加丰富和灵活的学习环境。

教师还扮演着学习过程的评价者的角色。他们需要对学生的学习情况进行全面评价，包括学习成绩、学习态度、学习方法等方面。通过定期的考试、作业评定、课堂表现评价等方式，教师可以及时发现学生的学习问题和困难，及时进行指导和帮助，提高学生的学习效果和成就感。

2. 学习的引导者和指导者

在当今信息技术的大背景下，教师的角色发生了深刻的变化，从简单的知识传授者转变为学习的引导者和指导者。这种变化不仅改变了教学方式，更深刻地影响着学生的学习方式和学习效果。在信息技术的支持下，教师不再是简单地向学生灌输知识，而是更多地成为学生学习的引导者和指导者。

教师作为学习的引导者，不仅是课堂上的讲解者，更重要的是要引导学生找到学习的方向和目标。他们通过设定学习目标，明确学习任务，帮助学生建立学习计划和目标。通过设定明确的学习目标，学生可以更清晰地了解自己的学习方向，有助于提高学习的效率和效果。同时，教师还要根据学生的不同需求和水平，提供个性化的学习指导，帮助他们解决学习中的困难和问题。

教师作为学习的指导者，不仅要提供学习资源，更要引导学生正确地利用这些资源进行学习。在信息技术的支持下，学习资源变得更加丰富多样，包括教科书、网络课程、多媒体资料等。教师需要根据学科特点和学生需求，选择和整合适当的学习资源，提供给学生。同时，教师还要教导学生如何正确地利用这些资源，培养其独立学习的能力和习惯。通过组织学习活动，教师可以引导学生主动参与学习，提高他们的学习兴趣和积极性。

在学习的过程中，教师还要及时对学生的学习情况进行跟踪和评价，发现问题并及时进行指导和帮助。通过定期的学习评价和反馈，教师可以了解学生的学习情况，发现学生的学习问题和困难，及时进行调整和指导。这样，教师可以更好地发挥引导和指导的作用，帮助学生顺利完成学习任务，提高学习效果。

3. 学习资源的策划者和管理者

在现代教育中，教师不仅是知识的传授者，更扮演着学习资源的策划者和管理者的角色。这一角色的转变源于信息技术的广泛应用和教育理念的更新，使得教师需要更加注重学习资源的选择、整合和管理，以满足学生个性化学习需求，提高教学效果。

教师作为学习资源的策划者，需要根据学科特点和学生需求，精心策划各种学习资源。首先，教师需要对课程教材进行选择和评估，确保教材内容与课程目标、教学要求相匹配。其次，教师还需要搜集和整合各种多媒体资料，如图片、视频、音频等，丰富教学内容，提高学生的学习兴趣。最后，教师还可以利用在线课程、网络资源等现代化教学手段，为学生提供更加灵活、多样的学习资源，拓宽学生的学习视野。

除了策划学习资源，教师还需要管理这些资源，确保其有效利用。教师需要建立起一个完善的学习资源管理体系，包括资源的分类、存储、更新和维护等方面。通过科学合理地管理，教师可以更好地掌握学习资源的使用情况，及时进行更新和调整，以适应教学需求的变化。同时，教师还需要根据学生的学习情况和反馈，不断优化学习资源，提高其质量和有效性。

在教师成为学习资源的策划者和管理者的过程中，需要注重个性化学习需求的满足。教师应该充分了解学生的学习特点和兴趣爱好，根据不同学生的需求，量身定制学习资源，提供个性化的学习体验。通过这种方式，可以激发学生的学习兴趣，提高他们的学习积极性，进而提高教学效果。

（二）角色转变的具体表现

1. 学习的引导者和指导者

在当今信息技术高度发达的时代，教师不再仅仅是知识的传授者，而是扮演着学习的引导者和指导者的重要角色。教师的使命不再局限于简单地向学生灌输知识，而是通过激发学生的学习兴趣，引导他们主动探究、思考和解决问题。这种转变反映了教育理念的更新和对学生学习方式的深刻理解。

教师作为学习的引导者，致力于激发学生的学习兴趣和动力。他们认识到学习的重要性不仅在于掌握知识，更在于培养学生的学习兴趣和自主学习的能力。因此，教师采用了一系列的教学方法，如启发式提问、案例分析、问题解决等，来引导学生主动思考和探索。通过引导学生主动参与课堂讨论、小组合作和实践活动，教师能够激发学生的学习兴趣，促进他们的深度学习。

此外，教师作为学习的指导者，注重培养学生的终身学习能力。他们认识到现代社会知识更新速度快，学生需要具备终身学习的能力来适应不断变化的环境。因此，教师通过设计开放性的学习任务和项目，鼓励学生积极探索和学习。他们提供支持和指导，帮助学生解决学习中遇到的困难和问题。通过这种方式，教师不仅帮助学生掌握了知识，更重要的是培养了他们的自主学习能力和批判性思维能力。

2. 学习资源的策划者和管理者

在当今信息时代，教师不仅是课堂上的知识传授者，更是学习资源的策划者和管理者。随着互联网和信息技术的飞速发展，教师可以利用各种工具和平台，收集、整理和分享各种学习资源，为学生提供更加多样化、个性化的学习支持。

第一，教师通过积极收集和整理学习资源，为学生提供丰富的学习内容。他们可以从多个渠道获取教科书、期刊论文、电子书籍、视频课程等各种学习资料，并对其进行筛选和整理，以满足学生不同的学习需求和兴趣。这些资源可以涵盖多个学科领域，丰富学生的学习体验，拓宽他们的知识视野。

第二，教师利用现代技术手段，将学习资源进行数字化和网络化处理，建立在线学习平台和资源库。通过搭建课程管理系统、网络教学平台或在线学习社区，教师可以将学习资源整合到统一的平台上，方便学生随时随地进行访问和利用。学生可以通过网络浏览器或移动设备，访问这些平台，获取所需的学习资料和信息，实现了学习的便捷和灵活性。

第三，教师还可以利用社交媒体等工具，与学生进行互动和分享学习资源。通过建立微信群、QQ群、博客或论坛等社交平台，教师可以与学生进行实时交流和讨论，分享学习资源、经验和观点。这种社交化的学习环境有利于促进学生之间的互动和合作，增强学习的趣味性和参与度。

3. 学习环境的设计者和营造者

在当今信息时代，教师不仅是知识的传授者，更是学习环境的设计者和营造者。他们利用先进的信息技术工具和创新的教育理念，设计并打造丰富多彩的学习环境，旨在满足学生不同的学习需求和学习风格，提供个性化的学习体验和服务。

第一，教师通过创建虚拟实验室、远程教育平台和在线课程等多种学习场景，为学生打造开放、灵活的学习空间。虚拟实验室为学生提供了模拟实验的机会，让他们在虚拟环境中进行实践探索，从而增强实践能力和科学素养。远程教育平台和在线课程使学习不受时间和空间的限制，学生可以根据自己的时间和节奏进行学习，充分发挥个人学习的灵活性和自主性。

第二，教师利用信息技术工具，个性化地组织和管理学习过程，提供个性化的学习体验和服务。通过学习管理系统、智能教学软件和人工智能技术，教师可以对学生进行个性化诊断和评估，了解其学习需求和水平，为其量身定制学习计划和课程内容。同时，教师还可以利用在线互动工具和虚拟教学资源，为学生提供实时辅导和反馈，促进其学习效果的提升和成长。

第三，教师还注重营造具有人文关怀和情感温暖的学习氛围，为学生提供良好的心理和情感支持。通过开展心理健康教育、心理咨询服务和班级建设活动，教师关注学生的心理状态和成长需求，激发他们的学习动力和潜能，塑造积极向上的学习态度和行为习惯。

二、教师队伍建设与培训策略探讨

（一）建立完善的教师培训机制

1.定期组织教师培训活动

高校思政教育部门可以通过定期组织各类教师培训活动来不断提升教师的专业水平和教学能力，以适应不断变化的教育需求和新时代的发展趋势。这些培训活动包括研讨会、讲座、研修班等形式，涵盖了多方面的内容，从信息技术的最新发展趋势到教学方法与策略，再到课程设计与评价，旨在为教师提供全面系统的专业培训。

第一，针对信息技术的最新发展趋势，教师培训活动可以介绍和探讨当前最前沿的教育技术和工具，如人工智能、虚拟现实、增强现实等，以及它们在教学中的应用和效果。教师可以通过这些培训了解如何利用先进的技术手段，提升教学效果，创造更加丰富、生动的教学场景，激发学生的学习兴趣和主动性。

第二，教师培训活动还可以关注教学方法与策略的创新和实践。在这些活动中，教师可以分享教学案例、经验和教学实践，探讨有效的教学策略和方法，如案例教学、问题导向学习、合作学习等，以及如何在课堂教学中灵活运用这些方法，促进学生的深度学习和全面发展。

第三，教师培训活动还应该重视课程设计与评价的理论和实践。教师需要了解如何根据学科特点和学生需求，设计和调整课程内容和结构，提供更加符合教学目标和学生学习需求的课程。同时，他们还需要学习如何科学地评价学生的学习成果和表现，采用多种评价手段和工具，全面客观地评价学生的学习情况，为他们提供有效的反馈和指导。

2. 开展专业技能培训

高校思政教育部门可以通过开展专业技能培训来满足教师在信息技术应用方面的实际需求，以提升他们的教学水平和专业素养。这种培训旨在帮助教师全面掌握信息技术在教学中的应用技能，包括基础的信息技术知识和教育信息化技术的专业培训。

第一，针对基础的信息技术知识培训，教师可以学习和掌握办公软件的使用技巧，如 Word 文档编辑、Excel 数据处理、PowerPoint 演示制作等。这些软件在教学中常常用于课件制作、教学资料整理和学生作业评阅等方面，教师掌握了这些基础技能，可以更加高效地进行教学准备和教学管理。

第二，针对教育信息化技术的专业培训，教师可以学习如何操作和管理在线教学平台，包括课程管理、学生管理、教学资源上传与分享等功能。通过这种培训，教师可以利用在线教学平台进行课程设计和教学组织，实现线上线下教学的无缝衔接，提供更加便捷和灵活的学习体验。

第三，教师还可以学习如何开发和利用数字资源，包括教学视频、网络课件、电子图书等。他们可以通过培训了解到数字资源的获取渠道、版权保护等相关知识，掌握数字资源的制作和利用技巧，丰富课堂教学内容，提高教学效果和吸引力。

通过以上的专业技能培训，教师不仅可以提升自己的信息技术水平和教学能力，还可以更好地适应信息化教育的发展趋势，为学生提供更加优质的教学服务。同时，这种培训也有助于促进教师之间的交流与合作，形成良好的教学互助机制，共同探索信息技术在思政教育中的最佳应用方式，推动教育教学的创新和发展。

3.搭建教师交流平台

为促进高校思政教育部门内教师之间的交流与合作,搭建教师交流平台是一项重要且有效的举措。这个平台可以是线上的论坛、博客、微信群等,也可以是线下的教研活动、学术讲座等形式。通过这样的交流平台,教师可以分享自己的教学经验、教学资源,相互学习、交流信息技术在教学中的应用案例和方法,从而促进教学水平的提升和教育教学的创新发展。

第一,线上交流平台的建设是高校思政教育部门促进教师交流合作的重要途径之一。通过建立论坛或博客平台,教师们可以在虚拟空间中分享自己的教学心得、经验,探讨教学方法、策略,讨论教学难题,共同解决教学中遇到的问题。同时,建立微信群等社交平台也能够方便教师之间的实时交流和信息分享,拉近了彼此之间的距离,促进了更加密切的交流与合作。

第二,线下教研活动和学术讲座也是教师交流平台的重要组成部分。通过组织各类教研活动,如教学观摩、教学研讨会等,教师们可以面对面地交流经验、分享成果,共同研究教学问题,激发教学创新的灵感。此外,组织学术讲座、专题讲座等活动也能够邀请学术界专家学者来校交流,为教师们提供学术启发和指导,推动教学科研水平的提升。

通过搭建教师交流平台,不仅可以促进教师之间的交流与合作,提高教学水平和教学质量,还可以增强教师的专业认同感和归属感,建立起一个积极向上、互帮互助的教学团队。这样的交流平台有助于构建一个开放、包容、共享的教育教学环境,推动高校思政教育事业的蓬勃发展。

(二)强化教师队伍建设的长效机制

1.建立教师选拔、评价和激励机制

高校思政教育部门应当建立起科学合理的教师选拔、评价和激励机制,以确保教师队伍的素质和水平,推动教育教学工作的不断创新和发展。在选拔阶段,应该综合考虑教师的信息技术水平、教学经验和教学能力等多方面因素,确保招聘到具有一定信息技术基础和教学素养的教师。例如,可以通过面试、教学演示等方式来评估教师的信息技术运用能力和教学方法。

在教师的评价和激励方面,应该注重教师在信息技术应用、教学创新等方面的表现,给予相应的奖励和晋升机会,激发教师的工作积极性和创造性。评

价内容可以包括教师在课堂教学中信息技术的运用情况、教学效果、教学方法的创新程度等。同时，还可以根据教师参与教育教学改革和科研项目、发表教学研究成果等方面的表现进行评价。

在激励方面，可以给予教师在信息技术应用和教学创新方面的成果以奖励，如提供额外的教学资源、加薪、晋升或专业发展机会等。此外，还可以通过组织教师培训、学术交流等方式，提升教师的专业水平和教学能力，激发其教育教学工作的热情和创造力。

通过建立科学合理的教师选拔、评价和激励机制，可以有效提高教师队伍的整体素质和水平，促进高校思政教育事业的不断发展和进步。这样的机制不仅有助于激发教师的工作积极性和创造性，还能够推动教育教学工作的创新和提高，为高校思政教育事业的发展注入新的活力和动力。

2. 建立教师成长的长效机制

为支持教师的职业发展和成长，高校思政教育部门应该建立起教师成长的长效机制。这个机制应该包括多方面的支持和举措，旨在为教师提供学习、交流、评价和反馈的机会，帮助他们不断提升自我，完善教学技能，推动教育教学工作的不断发展。

第一，高校思政教育部门可以为教师提供进修学习的机会，包括参加各类培训班、研讨会、讲座等。这些培训活动可以涵盖教学方法与策略、信息技术应用、课程设计与评价等内容，帮助教师不断更新知识、学习新技能，拓宽教学视野。

第二，建立学术交流平台，鼓励教师参与学术研讨、会议等活动，促进教师之间的学术交流和合作。通过与其他学校、专家学者的交流，教师可以分享教学经验、学术成果，获取新的思路和启发，提升自身的学术水平和教学能力。

第三，高校思政教育部门还可以支持教师参与科研项目，鼓励他们进行教育教学改革和创新研究。通过开展科研项目，教师可以深入探索教学问题、解决实际挑战，推动教育教学工作的不断创新和提高。

同时，建立教师评价和反馈机制也是至关重要的。通过定期评价和反馈，教师可以了解自己的教学情况和发展方向，及时调整教学策略，提升教学效果。评价和反馈机制可以包括学生评价、同行评议、教学观摩等方式，为教师提供全面、客观的反馈信息。

（三）加强教师教育信息化技能的培训

1. 组织针对性地培训课程

高校思政教育部门可以通过组织针对性的培训课程来满足教师在信息技术应用方面的实际需求，从而提升他们在教学中的信息化水平和能力。这些培训课程应该覆盖广泛的内容，旨在帮助教师全面掌握信息技术知识和应用技能，以更好地适应当今数字化教学环境的要求。

第一，针对教师在信息技术基础知识方面的需求，可以组织计算机操作、网络技术等基础培训课程。这些课程旨在帮助教师掌握计算机的基本操作技能，了解网络环境的基本原理和应用方法，从而提高其在教学中利用计算机和网络进行教学和教学管理的能力。

第二，针对教师在教育信息化技术方面的需求，可以组织专业化的培训课程，如在线教学平台的使用、数字化教学资源的开发与利用等。这些课程可以帮助教师熟悉常用的在线教学平台，掌握在线课程设计和教学管理的技能，了解数字化教学资源的开发和利用方法，从而更好地运用信息技术进行教学设计和教学实践。

第三，针对不同层次和需求的教师，还可以组织不同形式的培训活动，如集中培训、分层培训、个性化培训等。通过这些培训活动，可以满足教师个性化的学习需求，提升其信息技术应用水平和教学能力。

第四，为了确保培训的有效性和持续性，高校思政教育部门还可以建立教师培训的长效机制，包括定期评估培训效果、持续改进培训内容和方式等。这样可以确保教师在信息技术应用方面的培训工作能够不断地适应教育教学工作的需求，促进教育教学工作的不断创新和发展。

2. 提供教师信息技术应用案例和实践指导

高校思政教育部门可以通过提供丰富的信息技术应用案例和实践指导，帮助教师更好地将信息技术融入教学实践中，提升其信息技术应用能力和教学效果。这些案例和指导可以涵盖多个学科领域和教学场景，旨在激发教师的创新意识，引导他们积极探索信息技术在教学中的应用方法和策略。

第一，高校思政教育部门可以收集整理各学科领域的信息技术应用案例，包括但不限于在线课堂教学、数字化教学资源开发、学习管理系统应用等。这些案例可以覆盖不同学科、不同年级和不同教学场景，涵盖知识点讲解、案例分析、实验演示等多种教学形式，以便教师在实际教学中进行参考和借鉴。

第二，高校思政教育部门可以编写和发布信息技术应用实践指导手册或教程，针对教师在教学过程中可能遇到的问题和挑战，提供具体的操作步骤和解决方案。这些指导手册可以包括信息技术工具的使用方法、教学资源的获取与利用、在线互动活动的设计与实施等内容，帮助教师更加灵活地运用信息技术进行教学设计和实践。

第三，高校思政教育部门还可以组织教师信息技术应用案例分享和实践交流活动，让教师们有机会互相交流经验、分享成果。这种交流活动可以促进教师之间的合作与共享，激发教师的创新思维，推动信息技术在教学中的广泛应用。

第四，为了确保教师信息技术应用案例和实践指导的有效性和实用性，高校思政教育部门还应建立起完善的反馈机制，及时收集教师的反馈意见和建议，对指导材料进行不断修订和完善，确保其能够真正满足教师的实际需求，提高其信息技术应用能力和教学水平。

第七章 信息技术在高校思政教育中的挑战与应对策略

第一节 技术设施与资源不足

一、高校信息技术设施建设现状

（一）设施老化与更新缓慢

1. 设施老化情况

部分高校的信息技术设施存在严重老化现象，设备已经使用多年，性能逐渐下降，无法满足教学和学习需求。例如，计算机实验室中的老旧电脑、投影仪等设备存在使用困难和故障频发的情况。

2. 更新缓慢问题

高校信息技术设施更新换代速度较慢，可能由于资金投入不足、管理机制不够灵活等原因。这导致了设施功能的局限性，无法适应快速发展的信息技术需求，进而影响了教学效果和学习体验。

（二）网络环境落后与不稳定

1. 基础网络环境落后

在某些地区，高校的基础网络设施相对落后，网络带宽较窄，网络设备老化严重，无法满足大规模的在线教学需求。这使得教学活动受限，学生和教师在网络上的学习和教学体验不佳。

2. 网络稳定性差

由于网络设备老化和网络管理不善等原因，高校网络连接速度较慢，网络

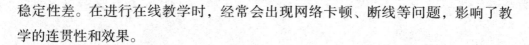

稳定性差。在进行在线教学时，经常会出现网络卡顿、断线等问题，影响了教学的连贯性和效果。

（三）教学资源匮乏

1. 数字化教学资源不足

部分高校缺乏高质量的数字化教学资源支持，教学资源的丰富度和质量存在较大差异。学校在教学内容、课件制作、多媒体教学资源等方面的投入不足，限制了教学效果的提升。

2. 投入不足

一些高校在数字化教学资源的建设上投入不足，缺乏对教学资源的更新和完善。这导致了教学内容的陈旧化和单一化，无法满足学生多样化的学习需求，影响了教学质量和效果。

二、解决技术设施不足的策略与措施

（一）加大投入更新设施

1. 资金投入优化设施

高校思政教育部门在面对信息技术设施更新和维护的挑战时，应当将资金优先投入到设施更新上。这种优先投入的策略可以确保信息技术设备的及时更新和维护，以应对日益增长的教学和学习需求。其中，购买新的计算机、投影仪、交互式白板等先进设备是至关重要的举措。这些新设备不仅能够提升设施的性能和功能，还能够提高教学效果和学习体验。例如，更新计算机设备可以提高教学平台的稳定性和速度，投影仪的更新可以提高投影清晰度和色彩表现，交互式白板的引入可以增加教学互动性和趣味性。

此外，高校思政教育部门还应考虑引入一些新技术和设备，以拓展教学的可能性。例如，引入智能教室设备可以实现教室自动化管理和智能化控制，提高教学环境的舒适度和效率；引入虚拟实验室设备可以为学生提供更加真实和丰富的实验体验，促进他们的实践能力和创新意识。这些新技术和设备的引入不仅可以丰富教学手段，还可以激发学生的学习兴趣，提升他们的学术成就和综合素质。

2．定期设施检修

为确保高校信息技术设施的正常运行和长期稳定性，建立定期检修和维护机制至关重要。这一机制包括对已有设施进行定期的检测、清洁、维护和更新。通过定期维护，可以有效延长设备的使用寿命，提高设施的可用性和效率。

定期检修的过程涵盖多个关键步骤。首先是设备的定期检测，这包括对设备进行全面的体检和功能测试，以确保各项功能正常运行。其次是设备的清洁工作，将设备表面和内部的灰尘、杂物清理干净，保持设备的清洁和卫生，有利于保持设备的良好状态。此外，还需要进行设备的定期维护，例如更换易损件、调整设备参数、优化设备配置等，以确保设备处于最佳工作状态。最后，定期检修还包括设备的更新和升级，及时更新软件和固件，保持设备的性能和功能与时俱进。

通过建立定期检修和维护机制，高校可以及时发现设备存在的问题并加以解决，从而避免故障对教学活动造成的影响。同时，定期维护还可以提高设备的稳定性和可靠性，减少故障发生的概率，保障教学的顺利进行。这种维护机制的建立不仅有助于保护设备投资，延长设备的使用寿命，还能提高设施的整体效能，为高校的教学和科研工作提供有力支持。

（二）完善网络基础设施

1．提升网络带宽和稳定性

高校思政教育部门可以采取多种方式来提升校园网络的带宽和稳定性，以确保教学活动的顺利进行。其中一项重要举措是升级网络设备，包括交换机、路由器、防火墙等网络硬件设备。通过引入先进的网络设备，可以提高网络的处理能力和数据传输速度，从而缓解网络拥堵和传输延迟的问题，保障教学活动的流畅进行。

另外，增加网络带宽也是提升校园网络性能的关键措施之一。高校可以通过向网络服务提供商购买更高速的网络带宽，以满足日益增长的网络流量需求。增加网络带宽可以提高网络的数据传输速度和吞吐量，减少网络拥堵和数据丢失的情况，从而提升网络的稳定性和可靠性。

除了硬件设备和网络带宽的升级，高校还可以采取其他措施来提升网络的稳定性。例如，建立完善的网络管理和监控系统，及时发现和解决网络故障和异常情况；加强网络安全防护，保护网络免受网络攻击和恶意软件的侵害；优化网络拓扑结构，提高网络的传输效率和稳定性等。

2. 引入新技术改善网络质量

为改善高校网络质量，引入先进的网络技术和设备是一项关键举措。其中，光纤网络和无线网络覆盖等新技术的引入可以显著提高网络的传输效率和稳定性。光纤网络以其高速、大带宽的特点成为现代网络传输的首选技术之一。相较于传统的铜缆网络，光纤网络具有更高的传输速度和更稳定的信号传输质量，能够有效减少数据传输延迟和丢包率，提升网络的整体性能。同时，无线网络覆盖技术的应用也能够为校园网络的覆盖范围和灵活性带来新的可能性，使学生和教师可以在校园内更自由地接入网络进行学习和教学活动。

除了引入新的网络技术，建立网络监控系统也是提升网络质量的重要手段之一。通过建立网络监控系统，可以实时监测网络设备和链路的运行状态，及时发现和解决网络故障和异常情况。监控系统可以对网络设备的运行状态、网络流量、带宽利用率等关键参数进行监测和分析，帮助管理员及时调整网络配置、优化网络拓扑结构，以提高网络的稳定性和可靠性。通过建立网络监控系统，高校可以更加有效地管理和维护校园网络，确保网络的正常运行和良好的用户体验。

（三）引入先进设备与资源

1. 政府支持和校内资金投入

高校思政教育部门在解决技术设施不足的挑战中，政府支持和校内资金投入起着至关重要的作用。通过争取政府支持和增加校内资金投入，可以有效解决技术设施不足的问题，并引入先进的数字化教学设备和资源，从而提升教学效果和质量。

政府支持是解决技术设施不足的重要途径之一。高校思政教育部门可以积极争取政府相关部门的政策支持和资金拨款，用于技术设施的更新和升级。政府支持可以帮助高校更好地应对设施老化和更新缓慢的问题，加速设备的更新换代，提升设施的性能和功能。政府支持还可以为高校引入先进的数字化教学设备和资源提供资金支持，为教学创新和发展提供有力保障。

同时，增加校内资金投入也是解决技术设施不足的关键手段之一。高校思政教育部门可以通过调整资金预算和优化资金使用结构，增加对技术设施建设的投入。将更多的资金投入到更新设施上，购置先进的数字化教学设备和资源，有助于提升设施的质量和水平，满足教学和学习的需求。此外，高校还可以通过校内资金投入，建立完善的技术设施维护和更新机制，确保设备的长期稳定运行和有效利用。

2. 行业合作共建资源

高校思政教育部门可以积极与企业、行业组织等展开合作，共同建设教学资源，从而解决技术设施不足的问题。通过与企业的合作，高校可以获取先进的教学设备和资源，以满足教学和学习的需求，并与企业共同开发符合实际需求的教学内容和项目。

合作的方式可以包括设备提供、资源共享、技术支持等多种形式。

第一，高校可以与技术领先的企业合作，获取最新的教学设备，如智能教室设备、虚拟实验室设备等，以提升设施的水平和质量。这种合作可以通过设备购置、租赁或共享等方式进行，从而降低高校的采购成本，提高设备的利用率。

第二，高校还可以与企业进行资源共享，共同开发教学内容和项目。通过与行业组织或企业合作，可以获取行业内最新的资讯、案例和实践经验，为学生提供更加贴近实际的教学资源。高校可以邀请企业专家参与教学，举办行业讲座、实践活动等，帮助学生了解行业动态，提升实践能力。

第三，高校还可以与企业建立长期合作关系，开展产学研合作项目。通过与企业共同开展科研项目、实践项目等，可以为学生提供更加丰富的实践机会，培养他们的实践能力和创新意识。同时，这种合作也有助于促进校企之间的深度互动，推动产学研合作的深入发展，为双方带来共同的价值和利益。

第二节　教师素质与能力不匹配

一、教师信息技术素养现状分析

（一）基本素养缺乏

1. 缺乏基本技能

部分高校思政教育教师在信息技术应用方面存在基本素养不足的问题。这主要表现在他们缺乏对基本的信息技术工具和平台的了解。这些工具包括但不限于计算机操作、网络浏览、文件管理等。这些基本技能在现代教学中是必不可少的，但一些教师可能由于年龄、教育水平或者个人兴趣等原因，没有充分掌握这些技能，导致在教学中无法灵活应用信息技术，从而影响了教学效果。

2. 缺乏数字素养

除了基本技能之外，一些教师还可能缺乏数字素养，即对数字化环境中信息的理解、评估和利用能力。他们可能不了解如何有效地搜索和评估网络信息，无法识别信息的真实性和可靠性，也不知道如何合理地利用网络资源进行教学。这种缺乏数字素养的情况导致了教学内容的质量参差不齐，影响了教学效果和学生的学习体验。

（二）教学应用能力不足

1. 缺乏教学设计能力

一些教师虽然具备一定的信息技术基础知识，但在将信息技术应用于教学实践中的能力有限。他们可能不了解如何进行有效的教学设计，无法将信息技术与教学内容有机结合，从而提升教学效果。这种情况下，教师可能会简单地将信息技术作为一种辅助手段，而未能将其融入教学的全过程中，导致了教学效果的局限性。

2. 缺乏教学创新意识

部分教师缺乏教学创新意识，对于新兴的教育技术和方法缺乏接受和尝试的态度。他们可能对于数字化教学工具的使用持保守态度，习惯于传统的教学方式，缺乏对于教学模式的创新思维。这导致了教学过程的单一化和僵化，无法激发学生的学习兴趣和主动性。

二、提升教师信息技术素养的培训与支持措施

（一）针对性培训课程

1.基础知识培训

（1）操作系统和软件应用

这方面的培训主要着眼于帮助教师掌握常见操作系统（如 Windows、macOS 等）的基本操作技能，以及常用办公软件（如 Microsoft Office 套件）的使用方法。教师需要了解如何打开、保存、编辑文档，以及如何使用常见的办公软件进行文字处理、表格制作和幻灯片设计等任务。

（2）文件管理和数据安全

这一领域的培训着重于教师如何有效地管理自己的电脑文件和数据，包括文件的分类存储、备份和恢复等方面。同时，教师也需要了解基本的数据安全意识，如密码保护、防病毒软件的安装和更新等，以确保个人和教育资源的安全。

2.教育信息化应用培训

（1）教学平台使用

这方面的培训旨在帮助教师熟悉和掌握在线教学平台的使用方法，如 Moodle、Canvas 等。教师需要了解如何创建课程、发布作业、管理学生和评估学习进度等功能，以便更好地组织和管理在线教学活动。

（2）多媒体教学工具应用

在这个领域的培训中，教师将学习如何有效地利用多媒体教学工具，如视频制作软件、幻灯片制作软件等，设计和制作具有吸引力和互动性的教学资源。这包括如何选择合适的媒体素材、设计视觉效果和音频效果、制作交互式教学内容等方面的内容。

（二）建立交流分享平台

1.教师交流平台

（1）在线平台建设

高校思政教育部门可以建立在线的教师交流平台，利用现代信息技术手段

搭建一个便捷的交流和学习平台。通过这个平台，教师可以随时随地进行交流和分享，不受时间和地点的限制，极大地方便了教师之间的互动和合作。

（2）线下交流活动

除了在线平台，高校还可以定期组织线下的教师交流活动，如教学经验分享会、教学案例研讨会等。这些活动为教师们提供了面对面的交流机会，促进了彼此之间的深入交流和互动，增强了师资队伍的凝聚力和合作意识。

2.研讨会和讲座

（1）主题多样化

高校可以举办涵盖不同主题的信息技术教学研讨会和讲座，涉及教学理念、教学方法、教学工具等方面。这些主题的多样化可以满足不同教师的需求和兴趣，吸引更多的教师参与其中，推动信息技术教育的深入发展。

（2）邀请专家讲解

在研讨会和讲座中，可以邀请国内外的教育技术专家或者资深教师进行讲解和分享。他们可以分享自己的教学经验和成功案例，介绍最新的教育技术应用和趋势，为教师们提供宝贵的学习资源和启发。

（三）提供教学设计指导

1.设计理念指导

（1）教学目标的确定

确定教学目标是高校思政教育部门指导教师设计教学方案的关键环节之一。教学目标是教师对课程学习的期望结果和学生应达到的具体要求的清晰表述，它直接影响着教学内容的选择、教学方法的设计以及教学评价的标准。因此，在教学过程中，明确的教学目标具有重要的指导意义和实践价值。

第一，确定教学目标有助于明确教学的方向和重点。教师通过设定明确的教学目标，可以清楚地了解学生需要掌握的知识、技能和能力，从而有针对性地选择教学内容和教学方法，确保教学过程紧密围绕着教学目标展开，避免偏离主题，保证教学的系统性和连贯性。

第二，确定教学目标有助于提高教学的有效性和针对性。教学目标明确了学生应该达到的学习效果，有助于教师合理安排教学时间，精心设计教学活动，选择适当的教学资源，以最有效的方式帮助学生达到教学目标，提高教学的效果和效率。

第三，确定教学目标还有助于促进教学内容的深入和扩展。教学目标的设定需要考虑到学生的实际需求和学习水平，因此，在教学目标中通常会包含不同层次和不同深度的内容，从基础知识的掌握到高级技能的培养，从认知层面的学习到情感态度的培养，使得教学内容既有针对性又有全面性，能够满足学生的不同学习需求。

第四，确定教学目标有助于教学评价的开展。教学目标明确了学生应该达到的学习效果，可以作为教学评价的标准和依据，帮助教师评价学生的学习成果，及时发现学生的学习困难和问题，调整教学策略，促进学生的学习进步和发展。

（2）教学内容的选择

教学内容的选择对于高校教学的质量和效果至关重要。针对不同的课程和学生群体，教师需要经过深思熟虑，合理选择和安排教学内容，以确保教学的科学性、系统性和连贯性，使学生能够全面地了解和掌握相关知识，达到预期的学习效果。

第一，教师需要根据课程大纲和教学要求确定教学内容。课程大纲是教学活动的指导性文件，明确了课程的目标、内容、要求等方面的信息。教师应该仔细研读课程大纲，了解课程的整体框架和教学要求，以此为依据选择教学内容，确保教学的针对性和有效性。

第二，教师需要根据学生的学习水平和兴趣特点合理选择教学内容。不同层次的学生具有不同的学习需求和接受能力，因此教师需要根据学生的实际情况，调整教学内容的难度和深度，使之既能满足学生的学习需求，又能够激发他们的学习兴趣，提高学习积极性。

第三，教师还应考虑教学内容的前沿性和实用性。随着科技的不断进步和社会的不断发展，一些新的知识和理论不断涌现，教师应该及时更新教学内容，引导学生了解最新的研究成果和发展动态。同时，教学内容也应具有一定的实用性，能够帮助学生解决实际问题，提高他们的应用能力和实践能力。

第四，教师还应注重教学内容的系统性和连贯性。教学内容应该有机地组织起来，形成一个系统完整的知识体系，各个知识点之间要有逻辑上的联系和衔接，避免出现零散、片段化的知识传递，确保教学内容的连贯性和完整性。

（3）教学方法的设计

教学方法的设计是高校思政教育的重要组成部分，对于教学效果的达成和学生学习体验的提升具有至关重要的作用。在教学方法的选择上，教师应根据教学目标、教学内容、学生特点以及教学环境等因素进行综合考虑，灵活运用不同的教学方法，以达到最佳的教学效果。

第一，讲授是常见的一种教学方法，通过教师对知识的系统讲解和阐述，向学生传递相关知识和理论。在思政教育中，讲授可以帮助学生建立起对于思想政治理论的基本理解和认识，为他们的思想观念提供基础支撑。在讲授过程中，教师可以结合具体案例或者生动的故事进行说明，以增强学生的理解和记忆，提高教学效果。

第二，讨论是一种能够激发学生思考和参与的教学方法。通过小组讨论或者全班讨论的形式，学生可以分享自己的观点和看法，与他人进行交流和碰撞，从而加深对知识的理解和掌握。在思政教育中，讨论可以帮助学生积极思考国家、社会、人生等重要问题，促进他们的自主思考和价值观的形成。

第三，实践是一种重要的教学方法，能够将学生的理论学习与实际应用相结合。通过参与实践活动，学生可以将所学的知识运用到实际情境中，加深对知识的理解和掌握，提高解决问题的能力。在思政教育中，可以组织学生参与社会实践、志愿活动等，让他们亲身体验和感受社会的真实情况，培养他们的社会责任感和担当精神。

第四，案例分析是一种有效的教学方法，能够帮助学生理解抽象的理论知识，并将其应用到具体的实际情境中。通过分析真实或虚拟的案例，学生可以从中学习到相关的知识和技能，培养解决问题的能力和思维方式。在思政教育中，可以选取一些典型的案例，引导学生进行深入分析和思考，从而达到思想教育的目的。

（二）教学方法选择

（1）案例教学

案例教学是一种基于真实案例的教学方法，能够让学生通过分析和讨论案例来理解和应用理论知识。高校可以指导教师如何选择和设计合适的案例，以帮助学生更好地理解和应用思政理论。

（2）讨论式教学

讨论式教学强调学生参与和主动思考，通过教师提出问题或话题，引导学生展开讨论和思考。高校可以指导教师如何组织有效地讨论活动，激发学生的思维和表达能力，促进思政教育的深入开展。

（3）游戏化教学

游戏化教学是一种将游戏元素融入教学过程中的教学方法，能够增加学生的参与度和学习动机。高校可以指导教师如何设计具有趣味性和挑战性的教学游戏，吸引学生的注意力，提高学习效果。

第三节　学生学习习惯与态度问题

一、学生信息技术应用习惯调查分析

（一）信息技术应用意识不强

在当前社会背景下，信息技术已成为人们生活和学习中不可或缺的一部分。然而，调查发现部分学生对信息技术的应用意识不强。他们倾向于将信息技术仅视为娱乐工具，而忽略了其在学习中的重要性和作用。这种现象显著表现在学生更愿意将时间花费在社交媒体、网络游戏和在线视频等娱乐内容上，而不是将信息技术用于学习和提升学术能力。这种行为可能导致学生忽略了课堂学习和作业任务，从而影响了他们的学业成绩和学习效率。

进一步分析可发现，学生对信息技术应用意识不强的原因包括以下几个方面。

1.社交媒体和娱乐内容的诱惑

社交媒体和娱乐内容在当今社会扮演着举足轻重的角色，尤其是对学生群体而言，其诱惑力更是不可忽视。微信、抖音等社交媒体平台不仅提供了丰富多彩的娱乐内容，如短视频、动态消息等，还设计了各种吸引人的功能和互动性，极大地吸引了学生的注意力。这些平台的特性使得学生更愿意在其中花费大量时间，而忽视了本应该完成的学习任务。

第一，社交媒体的即时互动性是其吸引学生的重要因素之一。相较于传统的学习方式，社交媒体平台提供了实时的互动环境，使得学生能够与同学、朋友进行即时的交流和分享。这种互动性不仅增加了社交娱乐的乐趣，也满足了学生追求社交认同和归属感的需求，从而使得他们更加愿意在社交媒体上花费时间。

第二，社交媒体平台的个性化推荐算法也加剧了学生对其的依赖程度。通过分析用户的浏览历史、点赞记录以及社交关系等信息，这些平台能够精准地向用户推荐符合其兴趣爱好的内容。这种个性化推荐使得用户能够更轻松地找到感兴趣的内容，从而增加了他们在平台上停留的时间，而对学业的投入则相应减少。

第三，社交媒体平台还通过各种形式的娱乐内容吸引学生的注意力。短视频、搞笑段子、明星八卦等内容形式丰富多样，不仅能够满足学生对轻松娱乐的需求，还能够在一定程度上缓解学习压力。而且，这些内容通常具有高度的娱乐性和易消化性，与繁重的学习任务相比，更容易被学生所接受和喜欢。

2. 即时满足感

与传统学习相比，社交媒体和网络游戏等娱乐内容往往能够在短时间内带来即时的满足感和快感。这种即时的愉悦体验成为许多学生偏爱这些娱乐活动的重要原因之一。社交媒体平台提供了与朋友、家人和其他用户即时交流的渠道，使得学生能够迅速地获取社交认同和反馈，从而获得愉悦感。网络游戏则通过各种游戏情节、奖励机制和虚拟社交环境，让玩家体验到即时的成就感和满足感。这种即时的愉悦感满足了学生追求快乐和放松的需求，与此同时，也强化了他们对这些娱乐活动的依赖和沉迷。

然而，学生对即时满足感的追求往往容易使他们忽视长期学习所带来的收益。传统学习是一个长期的积累过程，需要不断地坚持和付出。而社交媒体和网络游戏等娱乐活动通常可以立即获得愉悦感，满足了学生追求快速成就和即时反馈的心理需求。因此，学生更倾向于选择这些即时满足的娱乐活动，而忽视了长期学习所带来的成就感和实际收益。这种行为模式可能导致学生的学习动力和自律能力下降，影响其学业成绩和未来发展。

3. 缺乏对信息技术的认知和理解

缺乏对信息技术的认知和理解是影响学生信息技术应用的重要因素之一。

在当今数字化的社会中，信息技术已经成为人们日常生活和工作的重要组成部分，但一些学生对其真正的价值和应用领域缺乏深入地认知和理解。这种认知不足导致了学生无法充分意识到信息技术在学习中的重要性，从而影响了他们对信息技术的正确应用。

一方面，学生可能缺乏对信息技术发展历史和未来趋势的了解，从而无法意识到信息技术的广泛应用和影响。例如，许多学生可能不清楚互联网的发展历程，以及互联网在全球经济、文化和社会发展中所扮演的角色。他们可能对信息技术领域的创新和应用场景缺乏深入地了解，无法将信息技术与实际生活和工作场景联系起来。因此，他们可能无法意识到信息技术在解决现实问题和提升工作效率方面的重要性，从而忽视了信息技术在学习中的应用价值。

另一方面，学生可能缺乏对信息技术基础知识和核心概念的理解，从而无法有效地运用信息技术工具和资源进行学习和研究。例如，一些学生可能对计算机网络、数据库管理、数据分析等基础概念缺乏清晰地认识，无法理解信息技术在数据处理和信息管理中的作用。他们可能对常见的信息技术工具和软件如何应用于学习和研究的方法缺乏了解，导致了在信息技术资源利用方面的局限性。

（二）缺乏良好的信息素养和网络安全意识

部分学生缺乏良好的信息素养和网络安全意识，这也是导致信息技术应用不足的原因之一。信息素养是指个体对信息的获取、评估、利用和创造的能力，而网络安全意识则是指个体对网络环境中的安全问题有所了解并能够采取相应措施进行防范和保护的意识。

进一步分析可以发现，学生缺乏良好的信息素养和网络安全意识的原因包括以下几个方面。

1. 对网络信息真实性和可信度缺乏判断能力

缺乏对网络信息真实性和可信度的判断能力是当前学生面临的重要挑战之一。随着互联网的普及和信息的快速传播，学生们在日常学习和生活中接触到的网络信息数量庞大，涵盖范围广泛。然而，由于缺乏对网络信息的筛选和评估能力，学生往往容易受到不良信息的影响，产生误解或误导。

第一，学生可能由于缺乏媒体素养和信息素养，无法正确判断网络信息的真实性和可信度。互联网上存在大量的虚假信息、谣言和误导性内容，这些信息可能会误导学生的认知和判断，影响他们的学习和行为。例如，一些学生可能会被不实的新闻报道或社交媒体传言所误导，导致对某一事件或现象产生错误地理解和判断。

第二，学生可能受到网络信息的过度引导和操控，导致对信息的客观性和客观性产生怀疑。在互联网上，一些信息平台和组织可能会利用算法和推荐系统，向用户推送特定立场或观点的信息，从而影响其认知和态度。例如，一些社交媒体平台可能会根据用户的浏览历史和兴趣爱好，向其推送与其偏好一致的信息，使用户陷入信息茧房，难以接触到多元化的观点和信息来源。

第三，学生在面对网络信息时可能缺乏批判性思维和分析能力，容易轻信表面上的观点和结论，而忽视信息背后的真实意图和目的。他们可能忽略了对信息来源、作者资质、论据支持等关键因素的审查，盲目接受或传播不准确或有偏见的信息。例如，一些学生可能会在社交媒体上转发未经证实的新闻或谣言，导致信息的进一步传播和扩散，从而加剧了信息的不确定性和混乱性。

2. 沉迷于网络游戏或受网络诈骗困扰

一些学生过度沉迷于网络游戏，而忽视了网络安全问题的重要性，这对他们的身心健康和学业发展都带来了严重的影响。网络游戏具有高度的吸引力和娱乐性，对于学生来说，尤其是在课余时间，沉迷其中成为一种常见现象。然而，沉迷于网络游戏可能会导致学生整体学习动力的下降，影响他们的学习成绩和学业表现。此外，长时间地沉迷于网络游戏也会影响学生的身体健康，导致眼睛疲劳、睡眠不足等问题，甚至引发严重的游戏成瘾。

为了避免学生沉迷于网络游戏，教育者和家长应该采取一系列措施，帮助他们树立正确的网络游戏观念和健康的生活方式。首先，教育者可以通过开展相关的教育活动和宣传，向学生普及网络游戏的危害性和成瘾性，引导他们理性使用网络游戏，避免沉迷其中。其次，教育者可以引导学生参与丰富多彩的课外活动和社交活动，充实自己的课余生活，减少对网络游戏的依赖。最后，家长也应该积极监督和引导孩子的网络使用行为，建立良好的家庭网络环境，限制孩子过度使用网络游戏的时间，保障他们的身心健康。

另一方面，一些学生可能因为缺乏网络安全意识而成为网络诈骗的受害者。随着互联网的发展，网络诈骗案件层出不穷，各种类型的网络诈骗手段层出不穷，给人们的财产安全和个人信息安全带来了巨大的威胁。一些学生由于缺乏对网络安全问题的认识和理解，容易轻信网络上的虚假信息和诈骗活动，导致财产损失和个人信息泄露等问题。

3. 缺乏网络安全保护意识

缺乏网络安全保护意识是当前学生面临的一个严重问题，这可能导致个人信息泄露或其他安全问题。随着互联网的普及和技术的发展，学生在日常生活中越来越依赖网络，但同时也面临着更多的网络安全威胁和风险。然而，一些学生可能对网络安全保护措施不够重视，未能采取有效的防范措施，导致自己的个人信息和隐私受到侵害。

第一，学生可能缺乏对网络安全威胁的认识和了解，不清楚哪些行为可能会引发安全问题。例如，他们可能在不安全的公共网络上进行银行交易或登录个人账户，没有意识到这样做可能会导致个人信息泄露或账户被盗。此外，一些学生可能过于信任网络平台和应用程序，盲目地分享个人信息和隐私，没有意识到信息泄露的危险性。

第二，学生可能缺乏对网络安全保护措施的了解和技能，不知道如何有效地保护自己的个人信息和隐私。例如，他们可能不知道如何设置强密码、使用安全的网络连接、更新和维护操作系统和软件等基本的网络安全措施。由于缺乏这些基本的安全意识和技能，学生的个人信息和隐私很容易受到网络攻击者的攻击和窃取。

第三，一些学生可能对网络安全保护措施产生误解或忽视其重要性。他们可能认为自己并不重要，或者觉得网络安全问题与自己无关，因此对网络安全保护措施不够重视。然而，事实上，任何人都有可能成为网络攻击的目标，个人信息和隐私泄露可能会给自己带来严重的财务损失和心理困扰。

二、培养学生信息技术应用意识与能力的策略与方法

（一）加强信息素养教育

1. 信息素养教育的目的

信息素养教育的目的在于培养学生在信息时代中正确理解、运用和评价信息的能力。随着信息技术的飞速发展和普及，信息已成为社会发展和个人学习

生活的重要组成部分。而信息素养教育则致力于使学生能够更加有效地利用信息资源，提高信息处理能力，具备正确的信息伦理和安全意识，以及能够适应信息化社会的能力。

第一，信息素养教育旨在增强学生的信息意识。信息素养不仅是使用信息技术的能力，更重要的是对信息的认识和理解。通过信息素养教育，学生能够了解信息的来源、性质和用途，明确信息在学习、工作和生活中的重要性和作用。例如，学生通过学习信息素养课程，了解到信息技术的应用范围涵盖了各个领域，如教育、医疗、金融等，从而认识到信息技术对个人发展和社会进步的重要性。

第二，信息素养教育旨在培养学生的信息检索和评价能力。在信息爆炸的时代，学生需要具备有效地检索和评价信息的能力，以便从海量信息中获取所需内容。通过信息素养教育，学生学会使用各种信息检索工具和技术，了解信息的质量和可信度评价标准，从而能够准确、快速地获取到所需信息，并对信息进行分析和评价。例如，在信息素养课程中，学生学习到如何利用搜索引擎、图书馆数据库等工具进行信息检索，如何判断信息来源的可信度和真实性，从而提高了他们的信息检索和评价能力。

第三，信息素养教育还旨在培养学生的信息处理和表达能力。信息处理能力包括对信息的理解、分析、整合和运用能力，而信息表达能力则是将自己的想法和观点清晰地表达出来的能力。通过信息素养教育，学生学会利用信息技术工具处理和组织信息，如利用电子表格进行数据分析、利用演示软件制作报告等。同时，他们也学会了如何将自己的思想和观点通过文字、图片、图表等形式清晰地表达出来。例如，在信息素养课程中，学生通过编写报告、制作PPT等方式，锻炼了自己的信息处理和表达能力。

第四，信息素养教育还旨在培养学生的信息伦理和安全意识。在信息化社会中，信息的使用和传播不仅涉及个人利益，还关系到社会稳定和安全。因此，学生需要具备正确的信息伦理观念和安全意识，遵守信息道德规范，保护个人隐私和他人权益，防范信息安全风险。通过信息素养教育，学生了解到信息伦理的基本原则和规范，学会了如何正确、合法地使用信息，如何保护个人隐私和信息安全。例如，在信息素养课程中，学生学习到如何制定安全的密码、如何避免网络诈骗等内容，提高了他们的信息伦理和安全意识。

2. 信息素养课程内容

信息素养课程是为了提高学生在信息时代中的信息技术应用能力而设置的一门重要课程。其内容涵盖了多个方面，旨在全面培养学生的信息素养，使其能够熟练地运用信息技术进行学习、工作和生活。

第一，信息素养课程包括计算机基础。这一部分内容着重于培养学生基本的计算机操作技能。学生将学习计算机的基本原理和组成结构，掌握操作系统、常用办公软件等的基本使用方法。通过学习计算机基础知识，学生能够更好地理解和掌握计算机技术的运作规律，为后续的信息技术应用打下坚实的基础。

第二，信息素养课程涵盖了网络安全的基本知识。随着互联网的普及和信息化的发展，网络安全问题日益突出，因此，学生需要具备基本的网络安全意识和防范能力。在这一部分内容中，学生将学习网络安全的基本概念、常见的网络安全威胁和攻击方式，以及如何采取相应的安全防范措施保护个人信息和网络安全。通过学习网络安全知识，学生能够增强自我保护意识，避免成为网络安全的受害者。

第三，信息素养课程还包括信息检索和评价的内容。在信息爆炸的时代，学生需要具备有效地检索和评价信息的能力。在这一部分内容中，学生将学习如何使用各种信息检索工具和技术，如搜索引擎、数据库检索等，快速准确地获取所需信息。同时，他们也将学习如何评价信息的真实性、可信度和权威性，避免受到不准确或误导性信息的影响。通过学习信息检索和评价技能，学生能够更好地利用信息资源，支持自己的学习和工作。

第四，信息素养课程还包括如何利用信息技术解决问题的内容。信息技术是解决实际问题的重要工具，学生需要学会如何运用信息技术解决各种问题。在这一部分内容中，学生将学习如何利用计算机软件和网络资源解决实际问题，如利用电子表格软件进行数据分析、利用编程语言编写程序解决科学计算问题等。通过学习如何利用信息技术解决问题，学生能够提高自己的实际应用能力，为将来的学习和工作打下坚实的基础。

3. 融入课程中的信息素养教育

除了专门开设信息素养课程外，将信息素养教育融入各门课程中是高校促进学生信息技术应用意识与能力的另一重要途径。在各学科的教学过程中，教师可以充分利用信息技术资源，引导学生通过实际操作和实践应用来提升信息素养。

第一，语言类课程可以通过引导学生运用网络资源进行文献检索和阅读，培养学生查找信息、分析信息、理解文本的能力。例如，在语言学或文学课程中，教师可以布置以网络文献检索为主的作业，要求学生通过网络查找相关研究文献，从中获取所需信息并进行综合分析和总结，从而提高学生的信息检索和评价能力。

第二，数学类课程可以通过引导学生运用数学建模软件进行实践探究和问题解决，培养学生运用信息技术进行数学建模和分析的能力。例如，在高等数学课程中，教师可以组织学生利用数学建模软件进行数学实验，通过实验数据分析和模型构建来解决实际问题，从而提高学生的数学思维和实践能力。

第三，科学类课程可以通过引导学生利用模拟软件进行科学实验和数据分析，培养学生实验设计和数据处理的能力。例如，在物理或化学课程中，教师可以指导学生利用虚拟实验软件进行物理实验或化学反应模拟，通过观察实验结果和分析数据来验证理论假设，从而提高学生的实验设计和数据分析能力。

第四，工程类课程可以通过引导学生运用计算机辅助设计软件进行工程设计和模拟仿真，培养学生工程设计和创新能力。例如，在机械工程或电子工程课程中，教师可以组织学生利用 CAD 软件进行机械零件设计或利用电路仿真软件进行电路设计，通过实际操作和模拟仿真来探究工程问题并提出解决方案，从而提高学生的工程实践能力和创新意识。

（二）开展丰富多彩的信息技术教育活动

1.组织信息技术竞赛和网络安全知识普及活动

（1）信息技术竞赛

高校组织信息技术竞赛是为了促进学生的信息技术应用能力和创新意识的培养，提供一个展示个人技能、交流学习经验的平台。这类竞赛多种多样，包括编程比赛、应用软件设计大赛等，旨在通过竞争的方式激发学生的学习兴趣，推动他们深入学习信息技术知识，提高应用能力。

一方面，编程比赛是一种常见的信息技术竞赛形式。在这种比赛中，学生需要根据题目要求，利用编程语言编写程序解决问题。这不仅考验了学生的编程能力和逻辑思维能力，还锻炼了他们解决实际问题的能力。例如，国际大学生程序设计竞赛（Association for Computing Machinery，ACM）就是一个知名的编程比赛，旨在鼓励学生利用计算机解决实际问题，提高他们的算法设计和程序实现能力。

另一方面，应用软件设计大赛是另一种常见的信息技术竞赛形式。在这种比赛中，学生需要围绕特定主题或需求，设计和开发应用软件，展示自己的创新能力和实践能力。这种比赛不仅考验了学生的软件开发能力，还培养了他们的团队合作和项目管理能力。例如，全国大学生信息安全竞赛中的应用创新赛就是一个典型的应用软件设计大赛，要求参赛队伍设计并开发具有实际应用价值的信息安全软件，以提升信息安全防护能力。

除了以上提到的编程比赛和应用软件设计大赛外，还有许多其他类型的信息技术竞赛，如网络安全竞赛、数据分析竞赛等，都为学生提供了展示自己技能和创意的机会。这些竞赛不仅鼓励学生勇于挑战，锻炼了他们的技术能力，更重要的是激发了他们的创新意识和团队合作精神。通过参与竞赛，学生不仅能够在实践中提升信息技术应用能力，还能够结识志同道合的伙伴，建立起良好的学术交流和合作关系。

（2）网络安全知识普及活动

开展网络安全知识普及活动是高校促进学生网络安全意识的重要举措之一。通过这种活动，学校可以向学生传授基本的网络安全知识，引导他们正确使用网络，增强自我保护意识，有效防范网络安全风险。

这类活动可以采取多种形式，包括举办讲座、专题研讨会、网络安全知识竞赛等。在讲座和研讨会中，学校可以邀请网络安全专家或相关行业人士来进行专题讲解，介绍网络安全的基本概念、常见的网络安全威胁和攻击方式，以及应对网络安全威胁的有效策略和方法。通过专家的讲解和案例分析，学生可以更深入地了解网络安全的重要性，认识到自身在网络空间中的风险和责任，从而增强自我保护意识。

此外，学校还可以组织网络安全知识竞赛，通过比赛形式激发学生的学习兴趣，提高他们的网络安全知识水平。比赛内容可以涵盖网络安全的基础知识、常见网络安全威胁和攻击方式、网络安全防范技巧等方面，考查学生对网络安全知识的掌握程度和应用能力。通过参与比赛，学生不仅能够巩固所学知识，还能够锻炼自己的团队合作和问题解决能力。

除了专题讲座和知识竞赛外，学校还可以通过宣传栏、网络平台等途径，定期发布网络安全知识相关内容，向广大师生普及网络安全知识，增强他们的网络安全意识。在校园内设置网络安全宣传展板，张贴网络安全宣传海报，可以起到形象直观的宣传效果，提醒学生时刻关注网络安全问题，注意保护个人信息和隐私安全。

2. 利用学校和社会资源开展信息技术应用实践活动

（1）参观科技公司和企业实验室

高校思政教育与行业合作开展实践项目是一种有效的教学模式，旨在为学生提供更加贴近实际的学习机会，让他们在实践中掌握信息技术应用的方法和技能，从而提升他们的综合素质和竞争力。

合作项目的开展可以涵盖多个领域，包括但不限于信息技术、科学研究、工程设计等。在信息技术领域，学校可以与软件企业、互联网公司等行业合作，开展应用开发、系统集成、数据分析等项目。通过与行业合作，学生可以参与真实项目的开发过程，学习到项目管理、团队协作、技术应用等方面的知识和技能，提升他们的实践能力和综合素质。

与此同时，合作项目也可以涉及科学研究领域。学校可以与科研机构、实验室等单位合作，开展科研课题的研究与实践。例如，在人工智能领域，学校可以与相关企业或研究机构合作，开展人工智能算法的研究与开发项目；在物联网领域，可以与物联网企业合作，开展智能设备的开发与应用项目。通过参与科研项目，学生可以接触到最新的科技成果和前沿技术，培养他们的科学研究能力和创新精神。

此外，工程设计项目也是一种常见的合作形式。学校可以与工程设计公司、制造企业等合作，开展产品设计、工艺优化、制造流程改进等项目。例如，在汽车工程领域，可以与汽车制造企业合作，开展新能源汽车的设计与研发项目；在智能制造领域，可以与智能制造企业合作，开展智能工厂的建设与优化项目。通过参与工程设计项目，学生可以了解实际工程项目的运作流程和技术要求，培养他们的工程实践能力和创新能力。

（2）与行业合作开展实践项目

高校思政教育与行业合作开展实践项目是一种具有重要意义的教育举措。通过与行业合作，学校可以为学生提供更加贴近实际的学习机会，让他们在实践中深入掌握信息技术应用的方法和技能，从而提升他们的综合素质和竞争力。

合作项目的开展可以涵盖广泛的领域，包括但不限于信息技术、科学研究、工程设计等。在信息技术领域，学校可以与软件企业、互联网公司等行业合作，共同开展应用开发、系统集成、数据分析等项目。通过与行业合作，学生可以参与真实项目的开发过程，学习到项目管理、团队协作、技术应用等方面的知识和技能，提升他们的实践能力和综合素质。

与行业合作开展实践项目还可以促进学生的职业发展和就业竞争力。在实践项目中，学生可以与行业专业人士密切合作，了解行业内最新的技术发展和需求，积累实际工作经验，提升自己的职业素养和竞争力。此外，实践项目也为学生提供了与企业建立联系的机会，有助于他们顺利就业或实习，并为未来的职业发展打下坚实的基础。

在科学研究领域，学校可以与科研机构、实验室等合作，共同开展科研课题的研究与实践。通过参与科研项目，学生可以接触到最新的科技成果和前沿技术，培养他们的科学研究能力和创新精神，为未来的学术研究或科研工作打下坚实基础。

在工程设计领域，学校可以与工程设计公司、制造企业等合作，开展产品设计、工艺优化、制造流程改进等项目。通过参与工程设计项目，学生可以了解实际工程项目的运作流程和技术要求，锻炼他们的工程实践能力和创新能力，为未来的工程设计工作做好准备。

第八章　信息技术助力高校思政教育的未来发展

第一节　未来信息技术发展趋势预测

一、新一代信息技术对高校思政教育的影响预测

随着新一代信息技术的快速发展与广泛应用，高校思政教育领域正面临着前所未有的变革与挑战。

第一，人工智能、大数据、云计算等新一代信息技术为高校思政教育带来了广阔的发展空间与深远的影响。借助人工智能技术，高校可以建立智能化的教学平台，根据学生的学习特点和需求，量身定制个性化的教学内容和方法，从而提高教学的针对性和有效性。同时，大数据技术的应用使高校能够收集、存储和分析海量的学生数据，深入了解学生的学习状态和行为特征，为教学决策提供科学依据。云计算技术的广泛应用实现了教学资源的共享和交互，打破了传统教学的时空限制，促进了教学资源的优化配置和利用效率的提升。

第二，虚拟现实、增强现实、混合现实等新兴技术的涌现为高校思政教育带来了全新的教学模式与体验。通过虚拟现实技术，学生可以身临其境地参与到思政教育场景中，从而更加直观地感受到思政教育的生动性和实效性。增强现实技术则将抽象的思政理论通过虚拟的现实场景展现出来，帮助学生更加直观地理解和体验。混合现实技术的应用将线上线下教学融合在一起，为学生提供了更加灵活和多样化的学习方式，同时也打破了传统教学的局限性。

这些新一代信息技术的发展和应用将深刻改变高校思政教育的教学模式、内容传递方式和学习体验，进一步推动思政教育的创新与发展。然而，也需要认识到新技术带来的挑战和问题，包括教师和学生对新技术的接受度、技术设施与资源的投入以及信息安全与隐私保护等方面的考量。因此，高校应积极借

助新一代信息技术，不断探索和创新思政教育的教学模式和方法，提高教学质量和效果，培养更加优秀的社会主义建设者和接班人。

二、信息技术未来发展对高校思政教育的启示与展望

随着信息技术的迅速发展，高校思政教育迎来了更加广阔的发展空间和更深层次的变革。信息技术的普及和应用为高校思政教育提供了更广泛的传播渠道和交流平台，这将对思政教育的传统模式和教学方法产生深远的影响。

第一，互联网、社交媒体等信息技术平台成为高校与学生进行紧密联系和沟通的重要桥梁。高校可以通过这些平台及时了解学生的需求和反馈，根据学生的特点和需求调整教学内容和方法，提高教学的针对性和灵活性。此外，信息技术还为高校提供了在线教育、远程教学等多种教学模式，拓展了思政教育的传播途径，使得学生可以在任何时间、任何地点都能够接收到思政教育的影响和指导。

第二，信息技术的创新和应用为高校思政教育注入了新的活力和动力。随着人工智能、大数据、虚拟现实等技术的不断成熟和应用，高校可以开展更加丰富多彩的思政教育活动。例如，借助人工智能技术，高校可以建立个性化、智能化的思政教育平台，根据学生的兴趣和学习特点推送相关的思政教育内容，提高学生的学习积极性和效果。大数据技术的应用使高校能够更加准确地分析学生的学习行为和学习习惯，为教学决策提供科学依据。虚拟现实技术的引入丰富了思政教育的教学内容和方式，使得抽象的思政理论变得更加具体和生动，激发了学生的学习兴趣和动力。

第三，信息技术的未来发展为高校思政教育提供了更多的创新创造机会和发展空间。高校应积极引入前沿的信息技术，不断探索和创新思政教育的教学内容和方法。例如，可以结合人工智能技术开发智能化的教学辅助工具，提供个性化的学习路径和指导，满足学生的多样化学习需求。同时，高校还可以利用大数据技术分析学生的学习行为和表现，及时发现和解决学习中的问题，提高教学质量和效果。此外，还可以利用虚拟现实、增强现实等技术打造更加生动、直观的教学场景，提升学生的学习体验和参与度。

第二节 高校思政教育未来发展方向探讨

一、高校思政教育改革与发展的重点方向

（一）注重培养学生的思想道德素质和价值观念

在高校思政教育的未来发展中，培养学生的思想道德素质和价值观念将是一个至关重要的方向。这意味着高校思政教育必须更加深入地引导学生树立正确的世界观、人生观和价值观，以及增强他们的社会责任感和使命感。为实现这一目标，高校应当通过设计丰富多样的思政课程和教育活动，引导学生深入思考和探讨社会、人生等重大问题，激发他们的道德情操和责任意识，从而建立起积极向上的人生态度和价值取向。

在未来的高校思政教育中，培养学生的思想道德素质和价值观念需要通过多种途径和方式来实现。首先，高校可以通过思政课程的设置，引导学生系统学习马克思主义、中国特色社会主义理论，深刻理解社会发展规律和历史进程，树立正确的世界观和人生观。其次，高校可以组织丰富多彩的思政教育活动，如主题讲座、社会实践、志愿服务等，让学生亲身感受社会的多样性和复杂性，增强他们的社会责任感和使命感。最后，高校还可以通过导师制度和个性化辅导等方式，关注学生的个性发展和成长需求，帮助他们树立正确的人生价值观和行为准则。

在高校思政教育的未来发展中，培养学生的思想道德素质和价值观念将成为教育工作的重中之重。只有通过全方位、多层次的思政教育，才能够使学生在道德品质和人生观念上得到真正的提升，成为德智体美劳全面发展的社会主义建设者和接班人。因此，高校在未来的教育实践中，应当不断加强对思政教育的重视和投入，创新教学方法和手段，不断提升教育质量和效果，为培养德才兼备的社会主义建设者和接班人作出更大的贡献。

（二）提升学生的创新能力和实践能力

未来高校思政教育的发展方向之一是注重提升学生的创新能力和实践能力。这意味着高校应当通过思政教育，培养学生的创新思维和实践能力，引导他们

积极参与社会实践和创新创业活动。

为实现这一目标，高校可以开设创新创业相关的思政课程或专题活动。这些课程和活动可以涵盖创新理论、创业实践、创新管理等内容，旨在激发学生的创新意识和创业激情。通过系统学习创新创业知识，学生可以深入了解创新创业的重要性和方法，为未来的实践活动做好充分准备。

此外，高校还可以组织学生参加创业训练营、科技竞赛等实践活动。这些活动不仅可以让学生在实践中学习创新创业技能，还可以培养他们的团队合作意识和实践能力。通过与同学合作、与社会资源对接，学生可以将创新创业理念付诸实践，并在实践中不断积累经验、发展能力。

二、信息技术对高校思政教育未来模式的影响与构想

（一）实现教育资源的共享和优化配置

信息技术的不断发展和应用为高校思政教育带来了新的机遇和挑战，其中实现教育资源的共享和优化配置是其重要方面之一。通过信息技术，教育机构可以建立个性化、智能化的思政教育平台，为学生提供定制化的教学服务。其中，人工智能技术的应用可以根据学生的学习特点和需求，量身定制教学内容和方法。通过对学生学习行为和表现的深入分析，人工智能可以为教育机构提供个性化的学习建议和诊断，帮助教师更好地了解学生，调整教学策略，提高教学效果。

同时，利用大数据技术，教育机构可以更加准确地分析学生的学习行为和表现。通过对海量数据的收集、存储和处理，教育机构可以全面了解学生的学习习惯、偏好和困难点，为教学决策提供科学依据。基于大数据分析的教学模型可以帮助教师更好地把握学生的学习状况，及时调整教学策略，提高教学的针对性和有效性。

另外，云计算技术的应用实现了教育资源的共享和交互。通过云计算平台，教育机构可以将教学资源进行数字化、存储和共享，学生和教师可以随时随地访问这些资源，打破了传统教学的时空限制。教师可以通过云端教学平台分享教学资料和课件，学生可以通过云端学习平台获取教学资源和参与在线学习活动。这种教育资源的共享和交互不仅促进了教学资源的优化配置，提高了教学资源的利用效率，还丰富了教学形式和手段，提升了教学的灵活性和多样性。

（二）促进线上线下教学的融合和互动

信息技术的快速发展为高校思政教育带来了新的机遇，其中促进线上线下教学的融合和互动成为一项重要的发展方向。通过信息技术，高校可以实现线上线下教学的有机结合，提供更加灵活和多样化的学习方式，从而提升学生的学习效率和体验。

第一，学生可以通过网络课堂、虚拟实验室等线上教学平台进行学习和实践，随时随地获取教学资源，充分利用碎片化时间。这种灵活的学习方式不受时间和空间的限制，能够满足学生个性化的学习需求，提高他们的学习效率和自主学习能力。通过线上教学平台，学生可以与教师进行实时互动，提出问题、讨论思想，促进学习的深入和广泛。

第二，线上教学与线下教学的融合也将加强学生与教师之间的互动和交流，促进思政教育的深入开展。在线上课程的基础上，高校可以组织线下讨论、实践等教学活动，通过面对面地交流和互动，加深学生对思政课程内容的理解和思考。同时，教师可以根据学生的学习情况和反馈，调整教学策略，更好地满足学生的学习需求，提高教学的针对性和有效性。

（三）推动思政教育内容和方法的创新和升级

信息技术的不断发展将推动思政教育内容和方法的创新和升级，为高校思政教育带来更多的可能性和机遇。其中，虚拟现实、增强现实等新兴技术的应用将成为思政教育的重要方向，为教育内容和方法注入新的活力和动力。

第一，通过虚拟现实技术，教育机构可以打造沉浸式的思政教育场景，让学生身临其境地参与其中，提供更加生动、直观的学习体验。例如，利用虚拟现实技术，学生可以仿佛置身于历史事件中，亲身感受到历史的厚重和深远，从而更加深入地理解和体会历史的意义和价值。这种沉浸式的学习体验能够激发学生的学习兴趣和探索欲望，促进他们对思政课程内容的深入理解和思考。

第二，借助增强现实技术，教育机构可以将抽象的思政理论通过虚拟的现实场景展现出来，帮助学生更加直观地理解和体验。例如，通过增强现实技术，学生可以在现实场景中观察到思政理论的应用，感受到理论知识与实际生活的紧密联系，从而加深对思政内容的理解和记忆。这种直观的学习方式有助于激发学生的学习兴趣和创造力，提升他们的学习效果和体验。

第三，利用大数据分析和挖掘技术，教育机构可以深入了解学生的学习需求和行为特征，个性化地指导和推荐学习内容，提高思政教育的针对性和有效性。通过分析学生的学习数据，教育机构可以了解到学生的学习偏好、学习习惯以及学习进度，有针对性地为他们提供个性化的学习方案和服务。这种个性化的教学模式能够更好地满足学生的学习需求，提高他们的学习积极性和成绩水平。

第三节　信息技术与思政教育深度融合展望

一、信息技术与思政教育深度融合的现实意义

（一）提升思政教育的针对性和有效性

信息技术与思政教育的深度融合使教育机构能够更准确地了解学生的学习需求和特点。通过信息技术手段，可以收集、分析学生的学习数据，包括学习习惯、兴趣爱好、学习能力等方面的信息，从而为个性化教学提供科学依据。教育机构可以根据学生的需求和特点，量身定制教学内容和方法，提高教学的针对性和适应性，使思政教育更贴近学生的实际情况，更有效地促进他们的思想道德素质和全面发展。

（二）拓展思政教育的广度和深度

信息技术的应用为思政教育注入了新的活力和动力，拓展了教育内容和方式。传统的思政教育主要以课堂教学为主，内容较为单一，难以满足学生的多样化学习需求。而信息技术可以提供多种形式的学习资源和教学手段，如网络课程、在线讨论、虚拟实验等，丰富了教育形式和手段，拓展了思政教育的广度和深度。通过多媒体技术、虚拟现实技术等新兴技术的应用，可以将抽象的思政理论具象化、形象化，提高教学的生动性和趣味性，激发学生的学习兴趣和积极性。

（三）培养学生的综合素质和创新能力

信息技术的运用有助于培养学生的信息素养、创新思维和实践能力，提升他们的综合素质和竞争力。在信息化的社会环境下，学生需要具备良好的信息处理能力和创新能力，才能适应未来社会的发展需求。通过信息技术与思政教

育的深度融合，教育机构可以开设信息素养和创新创业相关的课程，组织学生参与科研项目和创业实践，培养他们的创新精神和实践能力，提升其综合素质和竞争力，为社会发展和进步作出贡献。

二、未来信息技术与思政教育的深度融合路径与策略

（一）加强信息技术基础设施建设，提升教育信息化水平

要实现信息技术与思政教育的深度融合，首先需要加强信息技术基础设施建设，提升教育信息化水平。教育机构应加大对教育信息化硬件设施和软件平台的投入，建设高速稳定的网络环境，配备先进的教学设备和多媒体教学资源，以支持思政教育与信息技术的深度融合。

（二）加强师资队伍建设，提升教师信息技术应用能力和教育教学能力

教育机构还应加强师资队伍建设，提升教师信息技术应用能力和教育教学能力。培养一支熟练掌握信息技术应用的教师队伍，是信息技术与思政教育深度融合的关键。教育机构可以开设相关培训课程和研讨会，提升教师的信息技术水平和教学能力，引导他们更好地运用信息技术手段开展思政教育工作。

（三）加强教育内容和方法创新，探索符合信息时代特点和学生需求的思政教育模式和路径

为了更好地推进信息技术与思政教育的深度融合，教育机构应加强教育内容和方法的创新，探索符合信息时代特点和学生需求的思政教育模式和路径。可以通过开展跨学科的思政教育活动、设计多样化的思政课程和教学资源、利用在线教育平台开展线上线下教学融合等方式，拓展思政教育的新领域和新模式，提升教育质量和效果。

（四）加强学生思政教育意识和能力培养，引导他们正确使用信息技术

教育机构还应加强学生思政教育意识和能力培养，引导他们正确使用信息技术。学生应当充分认识到信息技术在思政教育中的重要作用，并学会正确使用信息技术参与思政教育活动。教育机构可以通过开设信息素养和网络安全教育课程，引导学生正确使用信息技术，提升其信息素养水平，培养其批判性思维和判断力，防止信息技术对思政教育产生负面影响。

参考文献

[1] 刘佳，王松涛.教育信息化助力高校课程思政的实践与探索——以内蒙古大学创业学院为例 [J].产业与科技论坛，2022，21（23）：109-111.

[2] 李玉娇.高校思政课融入体育精神教育信息化创新探索——评《现代体育教学改革与信息化发展研究》[J].科技管理研究，2021，41（08）：228.

[3] 习近平.高举中国特色社会主义伟大旗帜为全面建设社会主义现代化国家而团结奋斗——在中国共产党第二十次全国代表大会上的报告 [J].前线，2022（11）：4-28.

[4] 薛丹.新时代高校思政课教学改革路径研究 [J].佳木斯职业学院学报，2023（4）：19-21.

[3] 杨戴萍，吴文嘉.新时代高校思政课教学评价改革探析 [J].黑龙江教师发展学院学报，2023（3）：55-57.

[5] 徐丽霞.新时代高校思政课教学模式改革创新研究 [J].高教学刊，2022（31）：135-138.

[6] 习近平在全国高校思想政治工作会议上强调把思想政治工作贯穿教育教学全过程开创我国高等教育事业发展新局面 [N].《人民日报》，2016-12-09（001）.

[7] 黄河.数字技术赋能高校思政课教学创新研究 [J].齐鲁师范学院学报，2023（1）：77-84.

[8] 宋海徼.伟大建党精神融入新时代高校思政课教学的三维探讨 [J].理论导刊，2022（12）：123-127.

[9] 宋小红，赵艳波.高校思想政治教育专业回顾及展望 [J].河南教育学院学报（哲学社会科学版），2016，35（06）：58-61.

[10] 刘新刚，裴振磊.虚拟现实技术运用于思想政治教育的学理考察：以马克思现实人理论为视角 [J].思想教育研究，2017（9）：57-61.

[11] 习近平. 高举中国特色社会主义伟大旗帜为全面建设社会主义现代化国家而团结奋斗 [N].《人民日报》，2022-10-26（1）.

[12] 习近平：把思想政治工作贯穿教育教学全过程开创我国高等教育事业发展新局面 [N].《人民日报》，2016-12-09（1）.

[13] 习近平. 用新时代中国特色社会主义思想铸魂育人贯彻党的教育方针落实立德树人根本任务 [N].《人民日报》，2019-03-19（1）.

[14] 张乐，张云霞. "翻转课堂"教学模式在高校思政课中的应用研究 [J]. 中国高等教育，2018（1）：38.

[15] 曹明. 提高思政课翻转课堂实效性应注重三个结合 [J]. 盐城师范学院学报（人文社会科学版），2019，39（4）：99-102.

[16] 赵晶. MOOC 环境下的外语翻转课堂教学模式探析 [J]. 中国现代教育装备，2019（2）：112-113，120.

[17] 王天龙. 大数据助力高校思想政治教育精准化略论. 学校党建与思想教育.2021，（19），29-32.

[18] 陈仕伟，甘淞原. 大数据时代思想政治教育面临的挑战及应对策略述评. 创新.2021，15（1），98-106.

[19] 冯刚. 大数据应用于思想政治教育的局限与突破. 重庆大学学报：社会科学版.2021，27（2），1-7.

[20] 翟乐，李建森. 大数据时代思想政治教育的演进理路，现实困境及实践策略. 思想教育研究.20221，（7），47-52.